Zauber der Gedanken

Wundertütenpoet

VON

TINA HÜSCH

Wie Träume lernen
Wirklichkeit zu werden.

Bibliografische Information der Deutschen Nationalbibliothek: Die
Deutsche Nationalbibliothek verzeichnet diese Publikation in der
Deutschen Nationalbibliografie; detaillierte bibliografische Daten
sind im Internet über dnb.dnb.de abrufbar.

ISBN: 9783756211807

Foto: Katharina Nix

Herstellung und Verlag: BoD – Books on Demand, Norderstedt

About me

Ich mag den Zauber meiner Gedanken und lange Spaziergänge im Wunderland meiner Phantasie.

Ich liebe es, wenn aus meinen Gedanken Gefühle purzeln und in meinem Herzen zu Emotionen werden.

Meine Seele ist vernarrt in alles, was anders ist, und liebt es, aus Träumen Ideen der Realität werden zu lassen.

So lebt stets in mir ein neuer Wunschtraum, der verwirklicht werden möchte.

Es ist die Sehnsucht meines Seins, in allem das Schöne zu erkennen, und meine größte Herzensangelegenheit, in jedem Menschen den Zauber der Gedanken zu wecken.

Ich wünsche mir, dass Du den Weg in Dein Wunderland finden kannst, und wünsche Dir viel Spaß beim Zauber Deiner eigenen Gedanken.

TINA

Für
das Universum
meiner Seele ...

Inhalt

Deine Zukunft liegt in Dir verborgen!

Stell Dir vor, du kannst sein, was Du willst, wenn Du nur daran glaubst.

**Was würdest Du sagen,
wenn Du feststellst,
dass Deine eigenen Gedanken
die Welt verändern können?**

Sie entstehen immer in unserem Kopf und in unserem Bauch, es sind unsere Gedanken und es sind unsere Gefühle.

Diese beiden sind die „heimlichen" Herrscher über unser Leben.

Sie entscheiden über jegliche Stimmung und somit über Glück oder Unglück.

So werden wir immer zu dem werden, was wir denken zu sein, das Schicksal spielt hierbei keine Rolle.

Daraus ergibt sich, dass unser Leben von unseren Gedanken und Gefühlen abhängt und von diesen regiert wird.

Unsere Emotionen leben in uns und werden durch unsere Gedanken, Gefühle und Handlungen gesteuert.

Unsere Gedanken sind das Futter für unsere Emotionen und daraus entsteht das Gefühl. Das Gefühl beherrscht unser Leben vollumfänglich und steuert durch unser Handeln unsere Zukunft.

Im Prinzip kann man im Leben nichts falsch machen, es kann nur hier und da vielleicht einmal ein bisschen länger dauern.

Probleme sind immer eine günstige Gelegenheit, um kreativ zu werden und den eigenen Horizont zu erweitern.

Somit ist jedes Problem ein Geschenk für uns, wir müssen nur lernen, es richtig auszupacken und zu nutzen.

Gedanken sind schwingende Kräfte, die, wenn sie einmal auf dieser Erde sind, unseren Kosmos durchdringen und mit aller Macht danach streben, sich selbst zu verwirklichen.

Unser Leben stellt im Prinzip nur die Architektur unserer Seele dar, die durch unsere Gedanken gespeist wird. Unsere Gedanken sind der Stoff, aus dem unser Leben gebaut wird, so wie wir schon als Kinder aus Bauklötzen Türme bauten, so bauen wir nun aus unseren Gedanken unser Leben.

Alles in unserem Leben, egal ob es uns in unserem Inneren oder in unserem Äußeren begegnet, entspringt letztendlich der Kraft unserer Gedanken. Es sind und es werden immer unsere Gedanken sein, die unser Leben erfinden. Alles Äußere, was uns auf unserem Weg begegnet, ist lediglich die Wirkung unserer Gedanken auf unsere Realität.

Wir sollten im Leben immer mit Mut in die Zukunft blicken, denn durch Jammern geht man nur rückwärts und verliert alle wundervollen Möglichkeiten des Lebens. Merke Dir: Durch Jammern wird alles Leid noch größer und alles Übel noch schlechter.

Unser Glaube und unser Selbstvertrauen sind die größten Kräfte unserer Seele.

Von daher sollte man in Gedanken alle Situationen immer so gestalten, wie man sie selbst gerne in seinem Leben hätte, denn das ist die Grundvoraussetzung dafür, dass alle Wünsche im Leben auch Wirklichkeit werden können.

Denke Dir mit aller Kraft Deines Seins die Dinge zu Deinem Vorteil und Du wirst schon bald merken, wie kleine Wunder in Deinem Leben Gestalt annehmen.

Doch merke Dir! Wünschen allein hilft nicht, man muss auch handeln, denn Erfolg im Leben hat immer drei Buchstaben: TUN! Erfolg kommt immer von innen, nicht von außen.

Sei stets mit Deiner Seele im Einklang, denn jeder Missklang der Seele verscheucht nur den Erfolg, und um wirklichen Erfolg im Leben zu haben, muss man sich nur so verhalten, als wäre der Erfolg bereits eingetroffen. Doch denke auch daran, dass Deinem Wollen Dein Können entsprechen muss.

Das Wollen ist der Plan, das Können das Material. Liebe immer alles, was Du tust, damit Dein Tun dadurch zum Leben erweckt wird.

Denke stets liebevoll und mit Sehnsucht an Deiner Werke Arbeit und verleihe ihnen so die Kraft des Gelingens.

Doch sei bei Deiner Arbeit niemals ungeduldig, denn wirklich Großes braucht Zeit und wächst im Schweigen.

So lasst uns alle ein bisschen Künstler sein, damit das Schöne in die Welt kommt.

Das, was wir denken, fühlen wir und dieses Gefühl wird zu unserem Leben, somit ist unser Leben durch und durch von unserem Gefühl gesteuert.

Das eigentliche Problem liegt darin, dass es im Grunde ganz einfach ist, wenn man sich nur selbst auf Positivität programmiert. Nur leider glaubt unser Verstand nicht, dass es so einfach ist.

Was uns zu unserem eigentlichen Ziel im Leben führt, ist unser Idealismus.

Der Idealismus gibt dem Menschen seine Freiheit und daraus entsteht Überlegenheit und Größe. Durch Idealismus erhält der Mensch seinen Charakter, es bildet sich seine Vorstellungskraft, es formen sich sein Wille und seine Persönlichkeit.

Mit Idealismus sieht man die eigene Realität immer so, wie sie nach den Wünschen des Herzens sein sollte, und dadurch zieht man die ausgesandten Gedankenformen auch an.

Alles strahlt und zieht an und unsere Gedanken sind die größten aussendenden Energien, die wir haben. Unser Wille ist hierbei nur Helfer unserer Vorstellungskraft, indem er allen Gedanken eine vernünftige und geordnete Struktur gibt.

Unser Wünschen und Sehnen sind unsere Hoffnungen und unser Glaube. Zusammen mit der Liebe sind sie Kräfte unserer eigenen Seele, wir müssen nur lernen, sie mit Hilfe unseres Gedankengutes richtig einzusetzen.

Es gilt einen Idealismus zu erwecken, der es vermag, die Wirklichkeit mit der Ewigkeit zu verbinden.

Dadurch entwickelt sich Intuition und Inspiration, diese beiden sind unsere Autopiloten und es ist wichtig, ihnen im Leben genügend Aufmerksamkeit und Zeit zu schenken.

Somit fließt alles Schöpferische aus den Tiefen der Seele und der inneren Harmonie, aus dem eigenen Selbstvertrauen und dem Sich-selbst-Finden und -Erfinden.

Dies ist eine unendliche Macht, die in unserer Seele wohnt. So gestaltet sich das Leben immer aus dem innersten unserer Seele heraus. Denn in den Tiefen unserer Seele sind wir noch verbunden mit deren Vollkommenheit, der Ewigkeit, aus der wir kommen und zu der wir immer wieder zurückkehren.

Durch das Denken der eigenen Seele wird erst die Persönlichkeit des Menschen geschaffen.

Die Vollkommenheit des Menschen hängt somit immer von den eigenen Gedanken und der damit verbundenen Intuition ab.

Das Unheil von negativen Gedanken

Je mehr wir uns von unserer eigenen Seele im Außen entfernen, umso mehr verlieren wir uns selbst. Wir werden immer unvollkommener und alles wird nüchtern und ohne Glanz. Wir verlieren uns im Alltäglichen, werden lieblos und ohne Tiefe. Nur der, der in sich selbst hineinhorcht, weiß, wie wichtig die Verbindung zur eigenen Seele ist, denn sie ist das Glück, das den Grundton des Lebens angibt.

So liegt das Geheimnis in unserer Seele und der aus ihr entstehenden Gedankenwelt, daraus erwächst unser Glück.

Denn aus der Kraft unserer Gedanken wird ein Wollen, aus diesem Wollen entstehen Handlungen, daraus Taten und es ist immer die Tat, die am Anfang von allem steht. Man kann nur an eine Sache denken, man kann nicht gleichzeitig an zwei Dinge denken, und so verscheucht jeder positive Gedanken einen negativen.

Sollte man sich dann gerade unter diesen Umständen nicht öfter fragen: Was tue ich mir mit negativen Gefühlen und Gedanken an?

Denn negative Gedanken sind von innen fressende Geister, die unsere Freude und unser Glück verschlingen. So verspeisen sie nicht nur unsere guten Gefühle, sondern auch unsere Energie und unsern Mut.

Je mehr Negativität in einem Menschen lebt, umso intoleranter und verhärmter wird dieser Mensch. Der Charakter eines Menschen wird nämlich nie ausschließlich von seiner Umwelt geprägt, sondern ist die Summe seiner Gedanken und Gefühle. Es sind die eigenen Einstellungen, die den Nährboden für das entstehende Gefühl darstellen. Wenn wir uns selbst reflektieren, merken wir, dass wir für unsere Stimmung verantwortlich sind und dass es hier und da gut für uns ist, sich selbst erst einmal neutral zu stellen, um die momentane Situation von einer höheren Warte aus zu überdenken und zu schauen, wo der eigene Horizont eigentlich liegen sollte.

Diese Neutralität ist ein ganz wichtiger Einflussfaktor für unser Leben, der viele neue Sichtweisen und Ideen erkennen lässt.

Denn durch Verbitterung wird immer nur ein schlechtes Umfeld entstehen und von daher sollte man alle schlechten Gefühle ausschalten und versuchen, sie durch positive Gedanken und Emotionen zu ersetzen. Das unseren Gedanken zugrunde liegende Muster sollte so ausgerichtet sein, dass man in allen Dingen nach dem Schönen sucht und das eigene Augenmaß auf Positivität trainiert.

Diese meine Zeilen sollen Dir dabei helfen, die Wahrheit über Deine Gedanken zu erkennen und Dir selbst die Macht zu geben, Dein Leben nach Deinen Träumen und Wüschen zu gestalten. Denn Dein zukünftiges Leben wird durch Deine gegenwärtigen Gedanken gesteuert und aus dieser Erkenntnis heraus würdest Du gut daran tun, Deine Sinne nur auf die schönen Dinge auszurichten.

Immer dann, wenn wir von negativen Gedanken wie Neid, Hass, Sorgen, Gier, Streit und auch Traurigkeit heimgesucht werden, verändert sich augenblicklich unsere Stimmung durch unser Gedankenbild. Diese Emotion legt sich wie eine schwere Rüstung über unseren gesamten Körper. Alles fühlt sich schwer und unbeweglich an, vielleicht sinnen wir auf Rache oder suhlen uns in Selbstmitleid. Hält diese Stimmung auch nur über wenige Stunden an, reicht dies schon aus, dass sich unsere Ausstrahlung in genau dieselbe Richtung verändert. Wir wirken auf andere unnahbar und abstoßend.

Spätestens jetzt sollten wir unser Gehirn in Sicherheit bringen und wieder anfangen positiv zu werden, doch das schaffen die wenigsten von uns. Die meisten befinden sich in einem Sog, der sie immer weiter in einen Abwärtstrend gleiten lässt.

Wir alle kennen diese Abwärtsspiralen aus unserem eigenen Leben, sind uns jedoch nicht bewusst, dass wir sie allein durch die Macht unserer Gedanken verursacht haben und sie allein durch die Macht unserer Gedanken auch wieder anhalten können.

Denn es gilt zu bedenken: Haben negative Gedanken erst einmal an Fahrt gewonnen, ziehen sie immer mehr negative Umstände an, die wiederum negative Gedanken gebären.

So liebe das Kleine, das Nichtbeachtete und Du wirst beginnen, überall die kleinen Glücke zu finden, und sie werden Dir helfen, das große Glück anzuziehen!

Und bald schon werden Wunder zu Dir kommen, Du musst nur dafür bereit sein und die Augen offen halten.

Alles ist magnetisch, im Positiven wie auch leider im Negativen, das, was aus unserem Inneren herausstrahlt, werden wir in unserem Außen anziehen.

Ein sich einmal negativ manifestierter Gedanke – egal ob Neid, Traurigkeit oder Hass – wird augenblicklich tausend neue negative Möglichkeiten gebären. All dieses Denken und Handeln ist nicht nur erfolglos und ergebnislos, sondern auch ablehnend allem Schönen gegenüber.

Ausbruch aus dem Karussell der Negativität

Sitzt man einmal im Karussell der Negativität, wird man bemerken, dass es sich immer schneller und schneller dreht und es einem immer weniger gelingt auszusteigen, sich von seinen negativen Gedanken zu trennen und anzufangen in eine positive Richtung zu blicken. Je länger der eigene Abwärtstrend anhält, umso mehr wird es ein Dauerzustand, der umso mehr negatives Gedankengut anzieht.

Unser eigener Gefühlskompass ist abgestürzt und wir brauchen viel Eigeninitiative oder äußere Impulse, um das Dilemma umzuschreiben.

Mit Beginn dieser Erkenntnis tritt jedoch eine Veränderung in Kraft, die durch Reflexion und Umdenken eine Welle entfacht, die den Abwärtssog beenden kann.

Die unendlich positive Kraft der Gedanken, die es schafft, das Schöne zu erkennen.

Hat man einen positiven Strohhalm gefunden und geschafft, sich an ihm festzuhalten, kann man es durch langsame Umgestaltung des Gedankengutes erreichen, die eigene Situation zu ändern. Ändern wir nämlich unsere eigene Einstellung, so ändern wir die Welt. Denn im Grunde genommen können wir immer nur in uns als Ursache eine Änderung vollziehen und ihre Wirkung in unseren Lebensumständen entdecken.

Dies ist keine neue Erkenntnis, aber eine unendlich oft vergessene.

Wenn wir uns wieder auf unsere inneren Kräfte und unsere Träume besinnen, werden wir die Gitterstäbe einreißen, die uns vom Glücklichsein trennen.

Wir alle versuchen im Außen, Situationen, Menschen und Dinge zu verändern, dafür wenden wir all unsere Kraft auf, oft bis an ihr Ende. Wir versuchen mit aller Gewalt, die Umstände zu verändern, obwohl es oftmals nicht in unserer Macht liegt, eine Veränderung herbeizuführen.

Würden wir jedoch dort anfangen, Veränderungen herbeizuführen, wo es in unserer Macht liegt, nämlich bei unserer Sichtweise, würden wir anfangen, unsere Situation zu verbessern. Denn das, was wir selbst verkörpern, können wir auch in unsere Welt Einzug nehmen lassen.

Immer dann, wenn sich Ratlosigkeit in uns Menschen ausbreitet, vertreibt diese unseren inneren Frieden. Daher ist es wichtig, dass wir uns vor wichtigen Entschlüssen in Ruhe sammeln und lernen, in unsere Seele hineinzuhorchen. Dadurch wird unser Selbst gestärkt und sicher.

Unterschätze niemals einen anderen Menschen, sieh Deine Mitmenschen immer mit Freude an, jedoch stelle sie auch nie zu hoch.

Lass Dich im Leben niemals von dem Neid, dem Hass oder der Missgunst der anderen herunterziehen und vergeude Deine eigene kostbare Lebenszeit niemals mit der Dummheit der anderen. Sondern nutz die Zeit für Deine eigene Seele.

Im Leben ist es notwendig, Zeit haben zu wollen und sich diese Zeit dann auch zu nehmen, damit man das Leben leben kann.

Denn es sind unsere Gedanken, die unsere Zeit brauchen, da sie die gestaltende Macht in unserem Leben sind.

Wind der Wende

Wenn man den Wind der Wende zur Positivität aufkommen lassen möchte, ist es wichtig, sich ein paar positive Mitstreiter zu suchen. Diese positiven Mitstreiter sind positive Konstanten in unserem Leben. Sie sollten an der Zahl 3 bis 5 sein und können zum Beispiel in den folgenden Bereichen gesehen werden:

- *Familie*
- *Freunde*
- *Job*
- *Hobby*
- *Haustiere*
- *Kreativität*
- *Sport*
- *ehrenamtliche Tätigkeiten*
- *Musik usw.*

Hat man sie einmal gefunden, sind sie wie Lebensanker einmal ausgeworfen, schaffen sie es, dass man nie mehr so ganz vom Kurs abkommt und im Stande ist, die eigene Mitte auch bei Turbulenzen wiederzufinden. Wir sollten anfangen, unsere Gedanken mit Konzentration auf diese Fixpunkte im Leben zu lenken und sie wie Geschenke des Lebens zu betrachten, in denen man ausschließlich das Schöne sieht.

So wird sich auch hier der Lebensmagnetismus ausbreiten und das Schöne im Leben wird magnetisch mehr Schönes anziehen, und schon bald haben sich die Fixpunkte auf die Gesamtheit des Lebens ausgebreitet und werden viele neue Ideen und Bereicherungen in das Leben einziehen lassen.

Unser Leben braucht immer einen inneren Sinn und eine Aufgabe, ansonsten wird der Mensch seelenlos und leer. Der Mensch sollte immer von irgendetwas innerlich erfüllt sein, damit er sich entfalten kann.

Diese Erfüllung darf ein ganzes Leben lang nicht aufhören, denn erfüllte und befriedigte Wünsche sind gestorbene Wünsche, sind getötete Sehnsüchte und so ist der Mensch sein ganzes Erdenleben lang Suchender. Doch durch die Kraft und Magie der eigenen Gedanken kann er lernen, sein Leben in die eigenen Hände zu nehmen, um seinen Wunderwünschen immer wieder neue Sehnsucht einzuflößen. So lernt er den Dingen aus dem Wege zu gehen, die nebensächlich und schädlich sind.

Man sollte sich immer wieder aufs Neue bewusst machen, wie wichtig es am Ende doch ist, Zeit für die eigene Seele zu haben.

Nimm Dir wenigstes einmal am Tag Zeit und entspanne Deinen Körper, so dass auch Deine Seele entspannen kann, und lass das Gefühl eines herrlichen Friedens in Dir entstehen.

Es gibt auf der Welt so gut wie nichts, was Deinem Geist und Deiner Seele auf Dauer mehr Ausgeglichenheit schenken kann als eine tägliche konstante Entspannungspause und die in der Tiefe gefundene innere Ruhe und Harmonie.

Denn genau in diesem Zustand öffnen sich die Schleusen zwischen Bewusstsein und Unterbewusstsein, so dass der Samen unserer Träume auf fruchtbaren Boden fallen kann und unsere Wünsche zu Wirklichkeit werden.

Im Schweigen und in der Ruhe finden wir uns selbst wieder. Wir erkennen die wundervollen Zusammenhänge von allen uns umgebenden Dingen und beginnen das Leben zu verstehen, denn in des Schweigens Stille, da wohnen die Wunder.

Doch das Leben braucht mehr, es braucht auch Bewegung und Aufregung, es braucht Abenteuer und Neues, denn nur so kann das Leben stark und lebendig werden.

Der Lebenssinn nutzt die Gegensätze, um dadurch seinen höchsten Zweck erreichen zu können, so gehört die Aufregung in unserem Leben dazu. Nur wenn man alle Gefühle durchlebt und weiß, wie sie sich anfühlen, ist es möglich, ein Leben aus vollem Herzen führen zu können und dies mit der positiven Kraft der eigenen Gedanken zu gestalten.

Zu bedenken gilt, dass derjenige, der ängstlich sein Leben betrachtet und alles genaustens durchplant, ganz schnell aus dem Gleichgewicht zu bringen ist und so die Seele verwackelt wird. Wenn man jedoch die gegensätzlichen Gefühle im Leben nicht scheut und sich ihnen stellt, dann wächst man an ihnen, denn um glücklich und erfüllt zu sein, muss der Mensch was erleben.

Das schreckliche Einerlei, was uns alle versucht gleichzumachen, tötet die Phantasie und damit den Zauber und die Macht unserer eigenen Gedanken, mit denen wir unser Leben erschaffen.

So müssen wir alle wieder lernen, unser Leben mit kunterbunten Ereignissen und Freude aufzufüllen, damit es erfüllt sein kann vom Zauber der Phantasie und der Sehnsucht nach erfüllten Träumen.

Wenn Du danach suchst, so lass Dir gesagt sein, dass diese Wunderfunken in Kunst und Musik immer zu finden sind, Du musst nur bereit sein, danach Ausschau zu halten.

Immer dann, wenn das Leben von einem starken Interesse an einer bestimmten Sache erfüllt ist, zieht diese magnetisch ihresgleichen an und strahlt ins Seelenleben zurück.

Mache Dein Leben zu einer Konstruktion Deiner Gedanken. Erkenne in allem das Schöne und nutze jede Chance, die Sehnsüchte Deiner Träume zu erfüllen.

Das Leben malen

Mit der Kraft unserer Gedanken sind wir im Stande, unser eigenes Leben zu zeichnen.

Darum sollten wir die schönsten und leuchtendsten Farben nehmen. Farben der Freude und des Glücks, mit ihnen sollten wir das Grau-Schwarz der Sorgen bunt übermalen.

Man muss lernen das Leben zu lieben, so dass man es fliegend durchleben kann. Mit der Kraft unserer Gedanken erschaffen wir unser ureigenes Leben. Wir bauen es mit jedem Gedanken Stein für Stein auf. Darum ist es wichtig, sich schöne Gedanken zu machen und diese bis in die Details zu durchdenken, damit im Außen das entstehen kann, was im Inneren bereits existiert. Unsere Seele ist die Leinwand unseres Lebens und mit Hilfe unserer Gedanken zeichnen wir das Bild unseres Lebens auf sie. So entsteht unsere Zukunft aus unseren selbsterdachten Gedanken und Ideen.

Der Erfolg in unserem Leben knüpft sich immer an unser eigenes Selbstbild.

Sind wir von uns und einer Sache überzeugt, dann werden wir früher oder später auch Erfolg mit ihr haben. Glauben wir jedoch selbst nicht an das Gelingen unseres Projekts, so ist es von vornherein zum Scheitern verurteilt.

Wenn man die Eigenschaft der kindlichen Bewunderung noch sein Eigen nennen kann und staunend im Stande ist, sich für andere zu freuen, dann besitzt man eine unendlich große Quelle der Kraft und Lebensenergie. Denn man ist ohne Neid und Vorurteil.

Neid, Missgunst und Vorurteile sind zusammen mit der Lästerei die größten Bremsen in unserem Leben. Wir vergeuden nicht nur Energie und Zeit mit diesen schlechten Eigenschaften, sondern sie kommen wieder auf uns zurück. Einmal ausgesendete neidvolle und nicht gönnende Gedanken kehren immer wieder auf uns zurück und bringen vom Wesen dessen, auf das sie gerichtet gewesen sind, mit und trüben dadurch unser Leben.

Bewundern wir aber etwas an anderen, dann kommt diese wundervolle Energie auch zu uns und materialisiert sich in unserem Leben.

Achte in Deinem Leben immer darauf, mit welchen Menschen Du Dich umgibst, wähle unter ihnen die freudigen, fröhlichen, glücklichen und mutigen aus, denn ihr Wesen wird auf Deine Seele ausstrahlen und Dein Leben bereichern. In der Nähe solcher Menschen ist Freude und Kraft! Verbringe Deine Zeit nicht mit Hass und Groll, sondern strebe nach den schönen Dingen des Lebens.

Versuche auch immer die Zauberkraft einer wundervollen Phantasie in Dir leben zu lassen. Denn Deine Phantasie ist das Reich, aus dem Dich niemals jemand vertreiben kann, Deine Phantasie ist immer der Vorbote Deiner Zukunft, deshalb pass stets gut auf sie auf. Alles Schöne ist eine Verschmelzung mit der ewigen Vorstellungskraft unserer Gedanken.

Wenn man die Erinnerungen seiner Vergangenheit betrachtet und sie nur aus schönen Dingen entstehen lässt, sich zuversichtlich allem Positiven zuwendet und das Negative nicht ansieht, werden alle zukünftigen Ereignisse erfüllt werden von dem eigenen glücklichen Glauben an sie, so kann man seine Zukunft mit Glück und Erfolg gestalten.

Denn wir werden innerlich und äußerlich so werden, wie wir uns unablässig sehen, denn all unsere Vorstellungen passen sich unserem Körper an und gestalten ihn.

So ist die Welt um uns herum immer unser eigener Spiegel, der das Bild unserer Seele zurückwirft und unser Innerstes im Außen erscheinen lässt. Genauso wie ein Echo immer den Ton zurückwirft.

25

Wenn wir mit offenen Augen und einem offenen Herzen durch die Welt gehen, werden wir viel von unserm Innersten erkennen und lernen, wer wir wirklich sind.

Durch die Bestrebung, in allem, was geschieht, Resilienz zu entwickeln, das Schöne und Positive zu erkennen, werden wir eine unendliche Lebensenergie entwickeln. Diese Lebensenergie lässt uns strahlen und macht uns selbst magnetisch.

Kunterbunt des Charakters

Unsere Gedanken werden zu Gefühlen, die unserem Leben die Farbe geben. Doch es ist nicht nur die Farbe, die unser Leben bekommt, es ist auch unser Charakter, der diese Farbe erhält. Der Mensch, der nach dem Schönen und Positiven Ausschau hält, wird gleichzeitig dem Bösen und Negativen entsagen.

Neid, Hass und Gier werden so aus dem Leben verschwinden, da die Konzentration und der Blickwinkel auf das Leben in der Schönheit und dem Mitgefühl liegen.

So ist es nicht nur das Leben, was sich verbessert und zu einem glücklicheren wird, sondern es ist auch der Charakter, der sich zum Besseren gestaltet und dadurch unsere Ausstrahlung und Anziehung auf unsere Mitmenschen steigert. Je reiner unser Charakter nämlich ist, umso charismatischer werden wir.

Denn das, was durch die Kraft unserer Gedanken in uns lebt, wird zu uns. Es gestaltet unseren Körper, unser Leben und unser Sein.

Bedenke immer, dass Sorgen grau sind und dass das Leben bunt sein sollte.
Sorgen, Ärger, Furcht und Angst, sind die Feinde unseres Lebens.
Unser Leben liegt im jeweiligen Augenblick, es liegt nicht im Gestern, aber auch nicht im Morgen, sondern immer nur im Hier und Jetzt.
Somit ist genau immer jetzt der richtige Augenblick.

Mache Dir die Welt, wie sie Dir gefällt!

Wie immer im Leben gilt der Grundsatz der Anziehung. Wenn Du es geschafft hast, Deine Gedanken fast ausschließlich um das Schöne in Deinem Leben kreisen zu lassen, wirst Du es schaffen, dass das Schöne immer mehr Dein Leben ausfüllt.

Deine Gedanken werden immer reiner, Deine Ausstrahlung immer größer, Dein Charisma anziehend und Dein Humor ansteckend werden.

Dadurch wirst Du Menschen und Situationen in Dein Leben ziehen, die von glücklicher Natur sind. Dein Umfeld wird sich verändern, Negatives wird Dich verlassen und Schönes wird Einzug halten.

Deine Welt wird sich immer mehr nach Deinen Gedanken gestalten und so wirst Du es schaffen, Deinen Traum leben zu können.

Bei diesem Prozess ist wichtig, Folgendes zu beachten, doch man kann es auch überall beobachten:

So wie ein Mensch in seinem Herzen denkt, handelt er auch. Daraus lässt sich der Grundsatz des gesamten Lebens ableiten und gibt Aufschluss über den berühmten Satz:

WIE im INNEN so im AUSSEN.

Der ausgebildete Charakter ist die Summe aller im Leben gedachten Gedanken und empfundenen Gefühle. Alle unsere Taten haben ihren Ursprung in unseren Gedanken, von ihnen werden sie geboren und von unserem Gefühl vermehrt.

Alle diese Handlungen schlafen in uns und werden durch unsere Gedanken am Leben gehalten.

All das, womit wir uns in unseren Gedanken beschäftigen, wird allmählich zu einem sichtbaren Teil unseres Lebens.

Die Gedanken, die wir erdenken, nehmen Besitz von uns und es wird alles so werden, wie wir es erdacht haben.

Dadurch können wir mit genügend Mut und Gedankenkraft so manches trübe Ereignis von unserem Lebensweg verscheuchen.

Der Mensch ist immer Form gewordene Gedankenwelt und so strömt der eine Mensch sie auf den anderen Menschen aus.

Unsere Seele spricht aus unserem Wesen, aus unseren Augen, unserer Haltung, unserer Stimme und unseren Bewegungen, und all das entsteht mit der Hilfe unserer Gedanken.

Aus diesem Grund entspricht immer das Innere auch unserem Äußeren.

Es sind die Gedanken in dieser Welt, die in Wirklichkeit alle Tore öffnen.

Die eigentlich unsichtbar wirkende Lebenskraft ist die Form unserer Gedanken, die ausschließlich unserer Seele entspringen.

Seelenkraft und Lebenskraft sind dasselbe. Werde Dir jetzt in diesem Augenblick bewusst, wie unendlich groß die Macht Deiner Gedanken sein muss, wenn Dir der wahre Sinn des vorstehenden Satzes klar wird.

Tu alles, damit Deine Seelenkraft fließen und Dich gesund erhalten kann, denn unterbindet der Mensch dadurch, dass er den Kontakt zur Seele verliert, den wahren Zustrom seiner eigenen Gedankenkraft, so verliert er an Ruhe, Energie und Zuversicht.

Denn das gesamte Leben entwickelt sich immer von innen nach außen.

Die eigentlichen und wirklichen Baumeister unserer Realität sind Gedanken und Gefühle.

Je reicher, schöner, tiefer und wahrhaftiger unsere Gedanken und Gefühle sind, umso mehr strömt es aus unserer inneren Welt in unsere äußere Welt und wird dort zu unserer ureigenen Wirklichkeit.

So wächst aus unserer Innenwelt nicht nur unser Erfolg, sondern auch unser Glück. Wie wir es in unserer Innenwelt empfinden, wird es auch aus uns herausströmen.

Ein freudiger, optimistischer Mensch ist eine Bereicherung, denn er strahlt Lebensfreude aus und verschenkt sie an alle, die ihm begegnen.

Freude ist ein Stückchen blauer Himmel.

Aus dieser Perspektive gesehen ist es wichtig, dass wir immer auf der sonnigen, positiven und fröhlichen Seite des Lebens schreiten, denn dadurch werden wir die Freude und das Glück in unser Leben ziehen.

Alles, woran nicht gedacht wird und was dadurch nicht mit Emotionen ausgestattet wird, kann nicht in unser Leben kommen, es existiert nicht.

Jede unserer Taten entspringt unseren Gedanken und bringt entweder Glück oder Leid mit sich. Somit ist der Mensch Kraft seiner Gedanken und der dadurch entstehenden Emotionen der Designer des eigenen Lebens.

Wenn Du jemals gedacht haben solltest, dass Du irgendetwas nicht wert bist, wird Dir das Leben genau diese Sichtweise vor Augen halten.

Wenn Du jemals gedacht haben solltest, dass Du irgendetwas nicht kannst, wird Dir das Leben recht geben.

Schau Dich in Deinem engsten Umfeld, Deiner Wohnung, Deiner Familie und Deinem Freundeskreis um. Wie sieht es dort aus?

Und dann reflektiere.

Denke darüber nach, wo Du Parallelen zwischen Deinem Leben und Deinem Umfeld erkennen kannst.

Ab heute beginnst Du eine neue Einstellung zu Deinem Leben und zu Deinen Gedanken zu entwickeln.

Fangen wir mit der grundlegendsten Voraussetzung der Verwandlung an:

- ☐ Akzeptanz von allem, was momentan in Deinem Leben existiert.
- ☐ Denn alles, was wir nicht akzeptieren, können wir auch nicht nachhaltig verändern.
- ☐ Schau in den Spiegel und erkenne die Individualität Deiner eigenen Person. Erkenne die Schönheit, die in Deinen eigenen Augen schläft.
- ☐ Starte das Programm Deiner Träume.
- ☐ Streiche alle Negativität und Versagensangst aus Deinem Leben und denke mit sehnsuchtsvoller Bestimmtheit an die Träume und Ziele Deines Lebens und stelle sie Dir so vor, als wären sie bereits erfüllt.

Sammel alle diese schönen und damit verbundenen Gefühle des Glücks, der Zufriedenheit und Selbstsicherheit. Speichere diese wundervollen Emotionen in Deinem Herzen und erinnere Dich täglich mehrfach an sie, zusammen mit positiven Gedanken, Gefühlen und Zielen, und das Leben wird beginnen sich auf eine magische Art und Weise zu ändern.

Akzeptiere und respektiere dabei stets die Gefühle und Sichtweisen der anderen Menschen und man wird Dich lieben und respektieren. Die unendliche Fülle dieser Welt wird so beginnen sich Dir in allem zu zeigen. In diesen Aussagen finden alle unsere Naturgesetze ihre Anwendung!

Und nun beginne ab heute anders zu denken und notiere das Datum hier.

Mach Dir auf den folgenden leeren Seiten ein paar kurze Notizen über Einstellungen und Gedanken, die Du von nun an ändern möchtest.

Ein offenes Geheimnis erwacht

Alles, was ich Dir gerade erzählt habe, ist kein Geheimnis oder gar eine neue Erkenntnis. Man weiß es schon seit hunderten von Jahren. Ich habe es lediglich noch einmal zusammengeschrieben und versucht, es für Dich auf den Punkt zu bringen, damit Du Dich selbst erkennen und reflektieren kannst. Denn nur so wirst Du zum Meister Deines Lebens werden und es selbst gestalten. Jetzt, wo ich Dich an all dies noch einmal erinnert habe, mache Dir dieses Wissen zunutze und betreibe von nun an auch Gedankenhygiene, denn sie ist genauso wichtig wie das tägliche Zähneputzen, denn von ihr hängt Deine Zukunft ab.

So kann ich nicht müde werden zu erwähnen, dass Deine gegenwärtigen Gedanken Deine Zukunft gestalten.

Ein jeder Gedanke ist die Saat einer Ursache, die ihre Wirkung in Deinem Leben vollenden wird, und so erschließt sich auch hier ein Gesetz, nämlich das von Ursache und Wirkung zum Lebenskreis.

Achte auf Deine Gedanken, beobachte Deine Gefühle, denn sie werden Deine Wirklichkeit gestalten.

Ein Mensch, der sich selbst seinen eigenen schlechten Gedanken aussetzt, verwirkt sein eigenes Leben an ihnen und wird nie das erreichen können, was er erreichen könnte, wenn er einem offenen und positiven Gedankengut nachhängen würde.

So hat der einzelne Mensch alles Rüstzeug selbst in den Händen. Er muss nur lernen es mit Bedacht zu gebrauchen, keinen trüben Gedanken nachzuhängen und nicht negativen Gefühlen zu verfallen.

Werde Dir klar, dass Neid eines der größten selbstzerstörenden Gifte ist, die es auf dieser Erde gibt. Neid schleicht sich in Deine Gedanken und zerstört alle Schönheit und allen positiven Sinn in ihnen. Aus diesem Grunde versuche den Neid, der in die Missgunst abrutscht, aus Deinem Leben zu vertreiben, damit Deine wundervollen Gedanken nicht von ihm aufgefressen werden.

Man selbst muss die eigene Seele zum Perpetuum mobile umrüsten, um aus sich selbst eine Quelle der Positivität zu machen.

Dadurch wird das eigene Sein ein Ort der Kraft, Freude und Energie. Man kann seinen Lebensweg in Frieden und Zufriedenheit gehen und die selbst gesteckten Ziele erreichen. Wenn man sich der Macht seiner Gedanken bewusst wird und sie mit Bedacht einsetzt, wird das eigene Leben zu einem Ort, an dem Träume wahr werden können. Denn diese Träume werden durch die eigene Vorstellungskraft ins Leben gerufen und wirken dort magnetisch, in dem sie noch mehr Positives ins Leben ziehen.
Unsere Gedanken sind der Stoff, aus dem unsere Träume sind. Sie wirken wie chemische Verbindungen in der Welt. Sind unsere Gedanken schön und fröhlich, so wirkt sich dies auf unseren Körper aus und wir erhalten ihn mit der Kraft der positiven Gedanken jung. Sind unsere Gedanken jedoch negativ und traurig, lässt dies unseren Körper schneller altern und erkranken.
All das, an was wir wirklich glauben und wovon wir in unserem tiefsten Unterbewusstsein überzeugt sind, zaubern wir auch in unser Leben hinein. Unser Glaube macht die in ihm eigenen geheimen Gestaltungsgesetze mobil, dadurch sind unsere Gedanken die Steuerzentrale unseres Lebens.

Ein jeder von uns sollte jetzt, wo er dieses Gedankengeheimnis sein Eigen nennen kann, stetig damit beschäftigt sein, sich ein klares und bestimmtes Bild seines eigenen Seins zu erdenken, damit es in der Realität Gestalt annehmen kann.

Dieses Bild sollte zum tiefsten Lebensplan werden und in den buntesten und schillerndsten Farben erdacht sein. Auch wenn uns das Leben anstatt Limonade mal nur Zitronen gibt, sollten wir an unserem Bild stets festhalten, denn wir sind der Designer unseres Seins und es liegt in der Kraft unserer Gedanken, das Leben zu dem zu machen, was wir uns wünschen.

An trüben Lebenstagen schaue in Gedanken feste in Deinen Lebensplan und es erscheint im Morgen schon bald die neue Hoffnung.

Kein anderer Mensch außer Dir selbst sollte Zugriff auf Dein Innerstes haben und Deine Gefühle und Gedanken negativ beeinflussen können.

Lass es nicht zu, dass man versucht Dir Deine Fröhlichkeit zu nehmen, denn die brauchst Du zur Gestaltung eines glücklichen Lebens.

Denn nur, wenn Du allein die Macht über Deine Gedanken und Gefühle hast, hast Du auch die Macht und die Gestaltungsmöglichkeiten über Dein Leben.

Denke jeden Tag über Deinen Lebensplan nach und male ihn in Gedanken aus, so hält das innere Bild, was in Dir lebt, Dich jung und wird sich in der Realität der Außenwelt schon bald anfangen zu zeigen.

Ein beharrliches, stetig liebevolles und gutmütiges Denken bewahrt Dir und Deinem Körper die Jugend und schützt ihn vor Krankheiten aller Art.

So sollte jeder, der jung bleiben will, sich jung fühlen und mit Gedanken der Jugend und Positivität umgeben. Denn in unserer Seele lebt die Heilkraft der Verjüngung, die aus Liebe, Hoffnung, Mut, Vorstellungskraft und Glauben besteht.

So werden wir immer eins werden mit den Dingen, an die wir denken und denen wir die meiste Aufmerksamkeit unseres Lebens widmen.

Finde Deine eigene Lebensmelodie und lass sie im Leben nie verklingen.

Bedenke immer, dass das, was wir fürchten, auch über uns herrscht. Je mehr wir uns vor etwas ängstigen, umso mehr ziehen wir es an und umso mehr verlängern wir unsere eigene schlechte Stimmung. Deshalb raus mit den Sorgen!

Gute Gedanken und ein fester Glaube an Dich selbst geben Dir die Macht über Dein Leben. Mach Dir bewusst, dass Frohsinn immer Ärger tötet. So wie Du in das Leben hineinlächelst, so lächelt das Leben zu Dir zurück.

Unterziehe unter diesen Gesichtspunkten Dein Leben einer Generalüberholung und entsorge alle Sorgen.

Glück zieht Glück an, Unglück zieht Unglück an!

Von allen wundervollen Wahrheiten und Erkenntnissen, die wir in unserer heutigen Zeit über die Funktionsweise unseres Seins gewonnen haben, ist keine einzelne Erkenntnis erfreulicher oder bedrohlicher als die Erkenntnis der Macht der eigenen Gedanken!

Mit Hilfe dieser Macht erschafft jeder Einzelne von uns seinen Charakter, sein Schicksal und seine gesamten Lebensumstände. Man wird zu dem, was man denkt. Die Gedanken formen die eigene Realität und erschaffen das eigene SEIN.

Dadurch haben wir den Schlüssel für alle Probleme in der Hand, denn mit der Kraft unserer Gedanken können wir unser Gefühl und unsere Zukunft gestalten. Wir können auf unsere Lebensumstände gedanklich positiv reagieren und somit unser eigenes Schicksal umschreiben.

Positives Denken hat magische Kräfte, und wenn wir positiv bleiben, wird uns das Leben auf Dauer auch positiv begegnen.

Der Mensch ist der Designer seines eigenen Lebens; auch in unzulänglichen Lebensumständen hat er immer noch die Zügel in der Hand und kann mit der positiven Kraft der Gedankenmaschine sein Leben in die gewünschte Richtung lenken.

Demnach sollte man Resilienz in seinem Leben erwecken, eine ständige Selbstanalyse betreiben und auf gemachte Erfahrung zurückblicken.

Lade Dich selbst öfter zu einem Tee ein und besprich Deine Träume mit Deiner Seele.

Jetzt, wo Du weißt, dass man sein Leben durch positive Gedanken in die richtige Richtung lenken kann, wirst Du auch die Notwendigkeit erkennen, Dich öfter in Dich selbst zurückzuziehen und Zwiesprache zu halten.

Wenn man des Öfteren seine Ziele und Träume überdenkt, ihnen einen Platz in seinen Gedanken einräumt, dann haben sie die Gelegenheit, von dort aus Wirklichkeit zu werden. Je klarer und genauer das Bild der eigenen Vorstellung ist, umso größer ist die Wahrscheinlichkeit, dass es schon bald Wirklichkeit wird.

Wenn man seine Gedanken beobachtet und mit Ehrlichkeit die Tiefen der eigenen Seele betrachtet, kann man durch genügend Reflexion feststellen, dass man der alleinige Herrscher des eigenen Seins ist.

Diese Übung sollte man des Öftern praktizieren, so wird man schon bald feststellen, dass sich nicht nur das eigene Sein verändert, sondern dass es auch einen gedanklichen Einfluss auf das gesamte Umfeld hat.

Die wenigsten von uns bedenken, welch großen Einfluss die Stimmungen anderer Menschen auf unseren Gemüts- und Körperzustand haben können. Negative Energien können wie Vampire wirken, die uns unserer guten Energien berauben und förmlich aussaugen. Deshalb ist es wichtig, von Zeit zu Zeit sein Umfeld genauer zu betrachten und sich von schlechten Einflüssen fernzuhalten, da diese uns nach unten ziehen und uns an der Verwirklichung unserer Lebenspläne hindern.

Schreibe ein Wunschgedankentagebuch

Schaff Dir ein kleines Büchlein an und schreibe alle deine Wünsche mit Datum hinein.

Immer dann, wenn Dir in Gedanken ein Wunsch begegnet, notiere ihn und nimm Dir mehrmals in der Woche Zeit, in Deinem Wunschbüchlein zu lesen. So leben Deine Wünsche in Deinen Gedanken und werden ein Teil Deines Lebens.

Durch dieses Wunschtagebuch wird es Dir in der Zukunft leichter fallen, den Zusammenhang von

Gedanken = Ursache

und

Reaktion = Wirkung

zu erkennen.

So hat man jeden Tag seine praktischen Übungen, die der Seele dabei helfen, den roten Faden der Positivität durchs Leben zu ziehen.

Die Bewusstheit der Gedanken und das Unterbewusstsein der Gedanken

Wie wir mittlerweile wissen, macht unser Tagesbewusstsein nur einen kleinen Teil, ca. bis zu 5 %, unseres gesamten Bewusstseins aus. Unserem Unterbewusstsein gehört der ganze verbleibende Rest von ca. 95 %.

Steuern können wir in erster Linie jedoch nur unser Tagesbewusstsein.

Unser Unterbewusstsein hat jedoch seine eigene Meinung und will genauso mit Gedankenhygiene rein gehalten werden wie der tagesbewusste Teil unserer Seele.

Aus diesem Grunde ist die Zwiesprache mit der eigenen Seele so wichtig, damit unser gesamtes Bewusstsein mit der nötigen Positivität gefüttert wird. Man sollte den Fluss der Positivität pflegen und aufrechterhalten und Gedankenhygiene betreiben, das Schöne in allem suchen, um sich so auf den Kurs des Positiven zu bringen.

Hält man diesen Kurs ein, wird er unweigerlich in ein erfülltes Leben münden.

Auch wird man im Laufe der Zeit ganz genau erkennen, dass, wenn man versucht seine Gedanken zur Vollkommenheit zu führen, die Ziele einem zufallen und der eigene Charakter sich verbessert.

Schaust Du Dir die Charaktere Deiner Mitmenschen an, stellst Du fest, dass diese durch ihre Gedankenformen geschaffen worden sind. Geh dann noch einen Schritt weiter und Du wirst sehen, dass die äußeren Lebensumstände des Einzelnen sich in seinem Charakter und dem Denken über seine eigene Person widerspiegeln.

Magie der Gedanken

Durch die eben beschriebene Erkenntnis wird einem die wahre Magie der eigenen Gedanken bewusst. So wird sich jeder Mensch auf die Dauer seines Seins dort wiederfinden, wo seine Gedanken ihn hingeführt haben.

Der Weitblick des Schicksals.

Das Schicksal als solches ist kein Zufall, es ist die Wirkung auf die von uns gesetzten Ursachen im Plan unseres Lebens.

Als Menschen sind wir hier auf dieser Erde, um an der Unvollkommenheit zu wachsen und von ihr zu lernen. Während wir wachsen, entstehen immer wieder neue Umstände, die als Ursache in unser Leben einfließen und im weiteren Lebenslauf ihre Wirkungen entstehen lassen. Doch unser Leben ist kein Spielball des Schicksals. Unser Leben ist das, was wir daraus gemacht haben. Wenn wir dies verinnerlichen, haben wir unsere eigene Macht erkannt und werden vom Leben nicht mehr zu den gleichen Umständen geführt, sondern haben die Möglichkeit, auf den Stufen unserer Lebensleiter nach oben zu steigen.

Blickt man auf das eigene Leben, wird man feststellen, dass sich die äußeren Umstände in dem Maße verändern, wie sich die Gedanken im eigenen Bewusstsein verändern.

Die Integrität des Charakters

Umso mehr man auf seine Gedanken achtet und sie ins Positive zieht, desto mehr entlastet man seinen Charakter, löst Blockaden im Unterbewusstsein und löscht alte falsche Glaubenssätze aus Kindheitstagen.

Durch dieses reinigende Programm nimmt man ganz viel Last von der eigenen Seele und befreit diese auch von Krankheiten, welche sich bereits auf der physischen Ebene des Körpers manifestiert haben.
So durchläuft die Seele eine schnelle Entwicklungsstraße des Lebens.

Kraft der Anziehung

Mit der Anziehungskraft des Magnetismus zieht unsere Seele gedanklich alles an:

a) was in ihr verborgen ist,

b) was sie anstrebt, erreichen möchte und liebt,

c) aber auch das, was sie ängstigt und fürchtet.

So lebt der Mensch auf Dauer immer in seinem von ihm selbst erschaffenen Land. Jeder Gedanke gleicht einem Samenkorn, das auf den Boden des Lebens fällt, und von dort aus wird es früher oder später keimen und seine Früchte in unser Leben tragen. Nur der lieben Vollständigkeit halber erwähne ich an dieser Stelle nochmals, dass gute, reine Gedanken förderliche Gedanken sind, die Gutes in unser Leben bringen, und negative Gedanken nicht förderlich sind und Schlechtes in unser Leben bringen.

Das Leben ist ein Spiegel. Alles, was Dich berührt wird ein Teil von Dir.
Gedanken sind Dinge, die Dir in der Zukunft begegnen werden.

Alle Lebensumstände um uns herum wurden von unserer Seele angezogen, im Guten sowie auch im Schlechten ist das, was uns begegnet, auch von uns selbst erschaffen und spiegelt sich in unseren Lebensbedingungen wider.

Von daher bedenke gut, was du denkst, denn daraus erschafft sich Dein Sein.

Aus jedem Gedanken keimt eine Wirkung und wird durch weitere Gedanken genährt, um in Dein Leben zu wachsen und dort ihren Platz einzunehmen.

Jetzt, wo Du das Prinzip des Lebens erkannt hast, hüte Dich vor schlechten Gedanken, denn aus schlechten Gedanken kann niemals Gutes entstehen.

Auch wenn das Leben Dir einmal mit Ärger und Groll begegnet, versuche Dich davon nicht in Mitleidenschaft ziehen zu lassen, behalte Deinen eigenen Kurs auf der Suche nach der Schönheit in allem bei und sei Dir gewiss, dass Du so selbst der Magnet bist, der das Leben Richtung Sonnenschein lenkt.

Alle äußeren Faktoren beeinflussen unser Leben und unser inneres Gemüt; so entsteht die Welt unserer Gedanken.

Je reiner die Welt der eigenen Gedanken ist, umso mehr davon wird uns die Zukunft bringen. Je mehr wir uns aber der Negativität hingeben, desto mehr wird diese unsere Zukunft beeinflussen.

Negativität, die sich durch schlechte Gedanken in uns anstaut, sammelt sich zu einer großen negativen Energie und wird sich irgendwann in unserer Zukunft entladen.

Die äußeren Lebensumstände formen nicht den Menschen, sondern der Mensch formt die äußeren Lebensumstände.

Der Mensch ist der Herrscher über seine Gedanken und über diese Herrschaft kann er auch der Meister seines Lebens werden.

Du musst Dir nur bewusst vor Augen halten, welche Dinge Du in Dein Leben anziehen möchtest. Mit diesen Dingen erfülle Dein Sein und lade es mit positiven Gedanken auf, damit diese Energie wachsen und in der Zukunft ein Teil Deines Lebens werden kann.

Wir kommen mit unserem eigens von unserer Seele ausgedachten Lebensplan auf diese Welt und während unserer Erdenreise ziehen wir alles an, was der Schwingung unserer Seele entspricht.

Dadurch lernen wir uns selbst immer besser kennen, wir müssen dazu nur unser Umfeld betrachten, denn wie die Welt im Außen uns gegenübersteht, so sieht es auch in unserem Innersten aus.

Wir Menschen ziehen nicht das an, was wir möchten, sondern das, was wir sind.

Unsere jeweilige Tagesform trifft immer auf die von uns in der Vergangenheit bereits für uns gestaltete Gegenwart. So fesselt der Mensch sich einzig und allein durch sich selbst. Ein jeder von uns erschafft mit seiner jeweiligen Gegenwart seine ihm bevorstehende Zukunft. Hegen wir also schlechte Gedanken, dann sind wir im Grunde genommen nur gemein zu uns selbst und schaffen uns unser eigenes Gefängnis der Engstirnigkeit. Hegen wir hingegen gute Gedanken, so eröffnet sich für uns ein Horizont der Freiheit, durch den wir alles, was wir erreichen wollen, auch erreichen können.

Wir bekommen nicht das, worum wir bitten, wir bekommen das, was wir ausstrahlen.

Unsere Wünsche, Träume und Bitten können sich nur dann erfüllen, wenn sie sich im Gleichklang mit unseren Gedanken und Taten befinden.
Handelt man nicht reinen Herzens, so hat die Handlung keinen Einfluss auf das, was wir Schicksal nennen und was doch in Wahrheit nur von uns selbst erschaffen worden ist. Handeln wir gegen unsere eigenen tiefen Überzeugungen, die in unserem Herzen leben, werden wir mit diesen Handlungen nie das erreichen, was wir uns daraus erhoffen.

Wir können nichts verändern, was wir nicht vorher in uns selbst verändern.

Jegliche Veränderung muss aus unserem Inneren heraus passieren, und ein jeder kennt den Spruch:

„Ändere Dich, dann änderst Du die Welt."

Wir sind immer nur im Stande, unsere Lebensumstände so weit zu verbessern, wie wir auch unsere innere Einstellung verbessern können.

Im Leben kommt es nämlich immer auf unsere innere Einstellung an, nur wenn diese mit unseren äußeren Handlungen harmoniert, befinden wir uns selbst in Harmonie.

Wenn wir es schaffen, unsere innersten Ziele mit unseren äußeren Taten zu synchronisieren, und frischen Mutes für unsere Ziele einstehen, werden sie Wirklichkeit werden.

Doch bedenke, nur unsere innere Einstellung allein mit gefalteten Händen im Schoß wird uns nicht das Erwünschte bringen.

Gedanken müssen, um in der Realität Wirklichkeit werden zu können, auch immer mit Taten verbunden sein.

Doch diese Taten sollten den Prinzipien von Treu und Glauben entsprechen, alles mit Druck und gaunerhafter Manie Erzwungene wird früher oder später scheitern. Darum achte darauf, dass Du den richtigen Weg auswählst, auf dem keiner zu Schaden kommt.

Betrachtet man Menschen nur oberflächlich, mag es hier und da schon den Eindruck erwecken, dass nicht nur die „Tugendhaften" Glück haben, sondern dass es eher gerade dem Gegenteil entspricht.

Doch hier sollte unser Blick tiefer gehen und in das Verborgene gleiten, so erkennt man Dinge, die sich einem nicht direkt erschließen. Was für uns auf den ersten Blick oft nicht zu erkennen ist, können wir, wenn wir genauer hinsehen, ausmachen: Am Ende wird immer die Gerechtigkeit siegen, doch es braucht alles seine Zeit.

Alles im Leben hat sein eigenes Tempo, doch die Gerechtigkeit wird siegen. Den wichtigsten Satz überhaupt, dürfen wir natürlich auch nicht außer Acht lassen:

Ein jeder empfängt nach seinem Glauben!

Darum glaubt an Eure Wünsche, lebt für Eure Hoffnungen und gestaltet das Leben so, als wäre Euer Wunsch bereits Wirklichkeit, denn dann kann nach dem Gesetz der Anziehung alles eintreffen.

Wenn all Eure Gedanken und Handlungen gut sind, können nie schlechte Ergebnisse ihre Folge sein und genauso wenig können schlechte Gedanken und Handlungen gute Ergebnisse hervorbringen.

Aus jeder Saat wird immer nur das beginnen zu keimen, was dem Saatkorn entspricht.

So sei Dir stets bewusst, was Du in Deinem Leben säst, denn genau das wirst Du in der Zukunft ernten.

Möchtest Du eine schöne, angenehme Zukunft mit erfüllten Träumen und Wünschen, dann musst Du Dein Denken und Handeln der Gegenwart danach ausrichten, das Positive muss Deiner inneren Einstellung entsprechen, Dein Gedankengut und Dein Handeln von der stetigen Erfüllung Deiner Träume gesteuert sein, so kannst Du alles erreichen.

Alle Gesetze der Natur, die wir kennen und anwenden, sind genauso auch geistige Gesetze und werden sich bei richtiger Anwendung im Leben erfüllen und einem jeden von uns das bringen, was er gesät hat.

Alles Leid entspringt falschen Gedanken

Wie wir denken, so leben wir, und denken wir falsch und nicht in Harmonie, kann das sogar großes Unglück und Leid über uns bringen. Oft ist uns hierbei nicht bewusst, dass wir dieses Leid mit der Kraft unseres Denkens selbst hervorgerufen haben. Wir verzweifeln an uns selbst und denken, es wären die äußeren Umstände, die die Verantwortung für unsere Missstimmung tragen. Doch in Wirklichkeit sind es unsere negativen Einstellungen und Sichtweisen, die ungute Gedanken hervorbringen, dadurch die Wurzel allen Übels sind und uns mit Leid strafen.

Leid ist oftmals nur eine falsche Blickrichtung in einer Sache und macht uns unglücklich.

Leid weist uns immer darauf hin, dass unsere Seelenharmonie gestört ist und wir nicht mit den geistigen Gesetzen dieser Welt im Gleichklang leben.

Leid fordert uns auf, uns zurückzuziehen, uns selbst zu überdenken und zu reflektieren, damit wir resilienter werden, so lernen wir nicht nur uns selbst besser kennen, sondern kommen auch unserem eigentlichen Lebensplan ein großes Stück näher.

Je mehr wir uns selbst erkennen, den Blickwinkel ändern und positiver werden, umso mehr schwindet alles Leid und hat keinen Platz mehr in unserem Leben.

Für ein erfülltes Leben lasst uns nach Harmonie streben.

48

Zufriedenheit in der Seele ist der Maßstab für Glückseligkeit. Nicht materieller Besitz wie Hab und Gut macht uns reich, sondern unsere innere Zufriedenheit ist es. Sie lässt uns strahlen und heil werden.

Nicht die Reichen sind glücklich, sondern die Glücklichen sind reich.

Das Glück der Welt ist nicht eine Frage der Lebensumstände, sondern eine Frage der Denkweise eines jeden Einzelnen. Mit der inneren Einstellung beginnt das Glück oder das Unglück zu wachsen.

Man muss selbst immer wissen, welche Seite man füllen möchte mit seinen Gedanken, denn die Gedanken sind die Nahrung, aus der unsere Träume oder auch Albträume entstehen.

Nimm Dein Leben selbst in die Hand. Jammern ist wie Gas geben im Leerlauf, Du kommst nicht voran.

Fang an und übernimm für alles, was in Deinem Leben geschieht, die Verantwortung. Nichts ist umsonst in Deinem Leben, alles hat seinen Platz und wurde somit durch Dich und Dein Umfeld geschaffen.

Akzeptiere Deine momentane Gegenwart, denn nur was Du wirklich akzeptierst, kannst Du auch ändern.

Übernimm im Anschluss die Verantwortung für Deine Lebensumstände und sieh Dich nicht länger als ein Opfer des Schicksals.

Fang an und ändere Deine Einstellung gegenüber den Dingen und schon bald wirst Du feststellen, dass die Dinge sich Dir gegenüber auch verändern.

Nichts bleibt so, wie es ist

Nimm das Steuerrad Deines Lebens in die Hand, denn Du bist der Kapitän. Dein Kurs sollte sich immer in Richtung Glück und Freude bewegen.

Die wahre Grundeinstellung eines jeden Menschen ist die Glückseligkeit.

Lasst uns ein Reset aller negativen Einstellungen und Gefühle in Angriff nehmen mit dem Wissen, dass unser eigentlicher Zustand einer der Harmonie und des Glücks ist.

Jeder Mensch ist im Grunde seines Herzens so programmiert, dass er ein gesundes und wohlhabendes Wesen hervorbringen kann.

Wenn die guten Eigenschaften mit Harmonie gefördert werden, werden die inneren Einstellungen die äußeren Begebenheiten hervorbringen und das Leben kommt in einen wundervollen Fluss Richtung Zufriedenheit.

Die Grundvoraussetzung hierfür ist, das Jammern einzustellen und das Selbstmitleid zu begraben, da diese Eigenschaften uns am meisten von unseren Zielen abhalten.

Darüber hinaus ist es auch wichtig Zeit im Stillen und nur mit sich selbst zu verbringen. Denn die Zeit in der Stille ist eine schöpferische Zeit, eine Zeit, in der alle Ideen neu erwachen, da Ideen zum Entstehen die Einsamkeit brauchen. Zum Werden jedoch brauchen Ideen die Anerkennung von anderen Menschen, und so braucht der Mensch beides: die Stille und die Gemeinschaft.

Nur durch das Wesen und die Beobachtung der anderen Menschen lernen wir das Menschsein und somit auch uns selbst kennen. Denn wenn wir in die Augen eines anderen sehen, dann erkennen wir darin uns und unser wahres Wesen verborgen.

In den Augen der anderen erkennen wir immer die Wahrheit des Augenblicks.

Es ist ganz wichtig, immer wieder sein seelisches Inneres zu renovieren und zu sanieren.

Unsere geistige Entwicklung kommt durch das Leben, sie kommt durch die Liebe und durch die Freundschaft. Leben an sich bedeutet immer Entwicklung, bedeutet immer neue Erkenntnisse zu bekommen, denn das, was wir heute unsere Wahrheit nennen, wird schon in ein paar Wochen überholt sein und vielleicht das Gegenteil dessen bedeuten, für das wir es heute halten. So brauchen das Leben und unsere Gedankenwelt auch die Offenheit für Neues und die Anpassungsfähigkeit an Gegebenheiten.

Wir müssen die Masken der Erwartungen ablegen, um frei sein zu können.

Einfach mal Blödsinn machen, damit sich die Seele ungebunden und gelöst fühlen kann.

Das Leben im Augenblick mit all seinem Inhalt genießen, ehe der Augenblick zur unwiederbringlichen Vergangenheit wird.

Wenn jeder sich selbst hilft, dann ist uns allen geholfen!

Es lebt eine verborgene Gerechtigkeit, welche unser aller Leben regelt, und diese verborgene Gerechtigkeit will nur von uns erkannt und bemerkt werden, es ist die Kraft unserer Gedanken, denn so, wie wir denken, so leben wir.

Wie ich bereits einmal sagte, ist unser Leben ein wundervolles Sein, das wir ganz nach unseren Vorstellungen kreieren können. Denn jeder Einzelne von uns ist der Designer seines Lebens. Du kannst all das aus Deinem Leben machen, was Du Dir auch vorstellen kannst. So träume die kühnsten Träume und zweifle niemals an Deinen Wünschen, halte das Gefühl des bereits erfüllten Wunsches in Deinem Herzen fest und geh jeden Abend mit der Gewissheit schlafen, dass Dein Wunsch bereits erfüllt ist. So wird Dein Leben Dir genau das bringen, was Du Dir von ihm wünschst.

Im Leben geht es darum, unbeschwert zu sein, es zu genießen und den leichten, sonnigen Weg zu nehmen.

Es ist nicht gut, sich unnötig das eigene Leben zu erschweren, vielmehr sollte man in allen Dingen, die das Leben einem bringt, das Schöne und Positive erkennen.

Denn das, was wir denken, fühlen wir, was wir fühlen, wird zu unserem Ich unser Ich, ist magnetisch und zieht alles in unser Leben, was unserer eigenen inneren Einstellung entspricht.

Lach Dein Leben an und es wird zurücklachen

Lass in Deinem Leben nie zu, dass negative Lebensumstände Dich verformen, so dass Dein Geist und Deine Seele davon in Mitleidenschaft gezogen werden und die Traurigkeit Besitz von Deiner Seele nehmen kann. Fang vielmehr an und schenk Dir selbst positive Gefühle, dann wird das Leben beginnen Dir diese magnetisch zurückzuschenken. Werde Dir gewiss darüber, dass Du mit Hilfe des Magnetismus im Leben alles steuern kannst, solange Du nicht anfängst zu zweifeln. Lass die Gewissheit in Dir wachsen, dass Du alles, wirklich alles erreichen kannst, wenn Du es nur möchtest. Schenk Deinem Leben Leichtigkeit und lass immer ein Stück Kind in Deinem Herzen übrig sein, denn Deine Seele braucht genau diese Leichtigkeit, wie sie nur ein Kind verspüren kann, um jung zu bleiben. Menschen mit einem kindlichen frohen Gemüt und dem Sinn der Leichtigkeit altern langsamer als solche, die nur nach Vernunft, Regeln und Tugend fragen.

Dein Leben hat nur die Grenzen, die Du ihm selbst gibst!

Wenn man mit dem Jammern aufhört, dann beginnt das Leben. Hat man die eigenen Lebensumstände erst einmal akzeptiert, kann man auch die Verantwortung für sein Leben übernehmen, und mit dieser Einstellung kommt oft auch die Erkenntnis, dass wie von Zauberhand die Weichen in unserem Leben von einer höheren Macht in die richtige Richtung gestellt werden. Denn dann, wenn man sich nicht mehr gegen die Umstände wehrt, kann man beginnen, die Umstände des Lebens wahrhaftig zu sehen und sie sich zu Eigen zu machen für die Erreichung der eigenen Lebensziele. So wird man einen raschen Fortschritt im Leben erlangen und seinen eigenen Träumen immer näher kommen.

Die eigene Art und Kraft dieser unserer Welt ist eine gerechte Kraft.

Das vorherrschende Prinzip in unserem Universum ist Gerechtigkeit und nicht Unrecht.

Wenn man so nach und nach seine Sichtweise auf das Leben verändert, verändert man letztendlich sich selbst und dadurch verändern sich unsere gesamten Lebensumstände.

Verfalle niemals dem Aberglauben, dass man seine Gedanken geheim halten könnte. Alleine schon durch die Anziehungskraft ihres ureigenen Magnetismus ist dies unmöglich.

Unsere Gedanken kristallisieren sich sehr schnell zu unseren Gewohnheiten und aus unseren Gewohnheiten entspringen unsere Handlungen.

Schlechte und negative Gedanken stellen in unserem Leben immer große Energieverluste dar, die sich im Außen widerspiegeln und im Inneren an uns nagen. Es entsteht Stress und dieser macht sich körperlich bemerkbar, so dass sich unser Körper krank fühlt.

Je mehr Negativität in unser Leben hineinfließt, umso schlimmer wird unser gesamter Zustand.

Angst, Zweifel, Wut und Ärger schwächen uns permanent.

Wir fühlen uns antriebslos und haben den Eindruck, nicht genügend Leistung erbringen zu können. Wir fühlen uns als Versager und allein schon dieses eine negative Gefühl zieht direkt wieder 1000 neue an!

Aus all unseren Gedanken kristallisiert sich unsere Zukunft heraus.

Jedem Gedanken der Gegenwart folgt ein Ereignis in der Zukunft, deshalb sei stets wachsam, was Du denkst, weil Du damit Dein Leben lenkst.

Ein immer wieder beharrlich gedachter Gedankengang, sei er gut oder sei er schlecht, wird zu bestimmten Ereignissen im Leben führen und Deinen Charakter nachhaltig formen.

Ein Mensch kann sich seine Lebensumstände nicht direkt aussuchen, doch hat jeder Mensch die freie Wahl, sich seine Gedanken auszusuchen, und dadurch indirekt die Möglichkeit, mit den gegenwärtigen Gedanken die Lebensumstände für die Zukunft umzuformen.

Das Universum hilft uns bei der Erfüllung von besonders oft und immer wiederkehrend gedachten Gedanken. Denn Gedanken sind nichts anderes als schwingende Energie und diese Energie unterliegt einem Magnetismus und zieht immer das in unser Leben, was wir auch denken, und das ganz wertfrei.

Das Universum unterscheidet nicht in gute und schlechte Gedanken, sondern liefert prompt das durch unser Gedanken- und Gefühlsbild Bestellte.

Sobald wir von unseren schlechten und negativen Gedanken ablassen, wird sich unser Leben ins Positive drehen, die Welt wird sich uns gegenüber mit mehr Nachsicht zeigen und uns Hilfestellung geben. So werden wir in unserem Leben plötzlich viel mehr Gelegenheiten haben, die uns bei unserer Erfüllung des eigentlichen Lebensplans unterstützen.

Unsere Welt gleicht einer weißen Leinwand, und Deine Gedanken sind die Farben, mit denen Du das Bild Deines Lebens malen kannst.

Nur aus unseren eigenen Gedanken entstehen Zufall und Schicksal

Viele glauben an Zufall oder reden von Schicksal, doch was wäre, wenn es weder Schicksal noch Zufall geben würde?

Und tatsächlich gibt es die beiden nicht, es gibt nur uns mit unseren ureigenen Gedanken, mit denen wir im Stande sind, alles zu erschaffen und zum Leben zu erwecken. Die Macht unserer Gedanken ist unendlich groß und wir sollten sie nie unterschätzen. Wir müssen lernen sie zu zähmen, denn letztendlich hat sie Zauberkraft, die alles entstehen lassen kann.

So ist unser Lebensumfeld nie nur eine Umgebung, sondern vielmehr ein selbsterdachter Zustand.

Wenn wir lernen unsere Gedanken so anzuwenden, dass sie ausschließlich positiv schwingen, können wir uns jedes Umfeld erdenken und es zur Wirklichkeit werden lassen.

Sei niemals ungeduldig mit Dir, alles braucht seine gerechte Zeit und alles muss in den Plan des Lebens passen, doch sei Dir sicher, es geschieht Dir immer nach Deinen Gedanken. Deshalb halte diese von Ärger, Groll und Neid fern, denn nur gute Gedanken lassen Deine Zukunft im Glück erstrahlen.

Unser Körper hört auf unsere Gedanken

Auch sollten wir nie vergessen, welchen großen Einfluss unsere Gedanken auf unseren Körper und unsere Gesundheit haben. Sie bestimmen nicht nur unsere Zukunft, sondern auch unser Wohlbefinden.

Das Unterbewusstsein steuert alle lebenswichtigen Funktionen unseres Körpers, ohne dass wir dies mit unserem Tagesbewusstsein überhaupt wahrnehmen.

Somit sind unsere Gedanken immer direkt durch unser Unterbewusstsein mit unserem Körper verbunden.

Denken wir nun schlechte Gedanken, dann werden diese schlechten Schwingungen unweigerlich auch bei unserem Körper ankommen.

Negative Gedanken gepaart mit negativen Emotionen können uns krank machen und lassen uns schneller altern.

Ein Körper, welcher ständig den Gedanken der Negativität ausgesetzt ist, wird sich auch schnell zum Negativen verwandeln und die verschiedensten Krankheitsbilder entwickeln, doch damit nicht genug, auch wird der Alterungsprozess des Körpers zunehmen und so beginnt ein vorzeitiger Verfall.

Doch genauso wie negative wirken auch schöne und positive Gedanken auf unseren Körper. Sie verjüngen ihn und lassen ihn von innen strahlen, so dass er in Schönheit und Gesundheit aufblüht.

Ein jeder von uns entscheidet mit seinen Gedanken über seine Gesundheit!

Genauso wie unsere Gedanken unsere Lebensumstände hervorbringen, genauso bringen unsere Gedanken auch Krankheit und Gesundheit hervor. Sie sind die Steuerzentrale, in der über das Wohlergehen unseres Körpers entschieden wird.

Und so geschieht es einem jeden von uns nach seinen eigenen Gedanken und nach seinem Glauben.

Menschen, die den gleichen Charakter haben, erzeugen auch gleiche Gedankenwellen und über diese stehen sie miteinander in Verbindung. So kommen zu guten Menschen immer wieder gute Menschen und zu weniger guten Menschen die negativ gesinnten Menschen, denn Gleiches zieht Gleiches an und einem jeden geschieht nach seiner Art.

Stimmungen sind immer ansteckend und Fröhlichkeit wirkt materialisierend.

Es gibt keinen Zweifel daran, dass die Seele einen Einfluss auf unseren Körper hat und unsere Gedanken auf unsere Gesundheit.

Trübe Stimmungen verlangsamen immer die Heilung. Ein jeder Stimmungszustand hat einen bestimmten Stoffwechsel, also versuche Dich für die Gesundheit Deines Körpers immer in einem positiven Stimmungszustand zu befinden. Dazu braucht die Seele reine, lebensfrohe und starke Gedanken, um sich damit voll ausfüllen zu können.

Infolgedessen ist es wichtig, bei jedem Kranken nicht nur den Körper, sondern auch die Seele zu behandeln, damit alle von innen fressenden Geister verschwinden und die Harmonie einziehen kann, denn die braucht jeder Körper, um auf Dauer gesunden zu können.

Deshalb schenke jedem Kranken Fröhlichkeit und Güte, ein nettes Wort und ein Lächeln, denn die Heilung beginnt immer in der Seele, durch den Sonnenstrahl der Hoffnung.

Ein so wieder zum Leben erweckter Glaube an die eigene Gesundheit versetzt Berge und lässt Wunder entstehen. Denn mit der Magie des Optimismus ist man im Stande, Lebenskraft zu zaubern, die den Körper gesunden lässt.

58

Wenn man sich vor einer Krankheit fürchtet, bedeutet das im Umkehrschluss, dass man sie verursacht.

So wie unsere Vorstellung uns dazu führen kann, krank zu sein, kann unsere Vorstellung uns auch die Gesundheit bringen. Negative und schlechte Gedanken drücken sich durch körperliche Gebrechen aus.

Positive Gedanken haben die Macht, eine Krankheit zu lindern, wenn nicht gar zu heilen.

Man muss nur erlernen, die Herrschaft über seine Gedanken zu erhalten, dadurch hat man den Schlüssel des Lebens in der Hand und kann aktiv sein Schicksal gestalten.

Wir müssen nur erwirken, dass ein Gedanke durch uns, auch in uns Wurzeln fasst, dann wird dieser auch wachsen und Früchte tragen.

Es sind unsere Gedanken, unsere Gefühle, unsere Vorstellungen und Überzeugungen, die uns heilen können. Alle zusammen müssen nur auf Heilung ausgerichtet sein und dem unerschütterlichen Glauben an sie unterliegen, dann wird auch Heilung geschehen.

Alles, was wir dafür brauchen, ist ein fester Glaube; er wird uns immer helfen, selbst dann noch, wenn alle anderen Mittel auf dieser Welt scheitern. Vertrauen und Glaube in das eigene Selbst sind die Zauberworte. Wir müssen lernen, diese Kräfte in uns zu wecken, denn dann sind wir zu allem im Stande.

Die Wirkung einer jeglichen Sache liegt nie nur in ihr selbst, sondern immer in der Art und Weise, wie wir ihr begegnen und unseren Widerstand aufbauen. Können wir genügend Kraft, Harmonie, Ruhe und Überlegenheit aufweisen, so schaffen wir es, alles Negative zu entwaffnen und es in unserem Sinne zu nutzen, so dass es sich letztendlich vollumfänglich auflöst. Glaube immer an die energiegeladene Kraft einer starken Seele, denn sie ist es, die alles möglich machen kann.

überlasse niemals der Angst das Ruder Deiner Gedanken

Gedanken der Angst können den Menschen wahnsinnig machen, ja sogar töten, da die Angst, wenn wir nicht lernen sie zu steuern, uns steuern wird.

Angst ist ein immer gärendes Monster, das sich von negativen und trüben Gedanken ernährt. Dadurch werden schlechte Emotionen geschürt und die Angst beginnt zu wachsen.

Sie ist ein von innen zerrendes Gespenst, das es schafft, alles Positive aus unserem Leben zu verdrängen, wenn wir ihm nachgeben und unsere Gedanken in den Sog des Negativen gleiten lassen.

Negative Gedanken können nicht nur negative Lebensumstände erschaffen, sondern auch die Krankheit des eigenen Körpers.

Schütze Dich vor negativen Gedanken, überlasse ihnen keine Macht über Dein Leben, so wird es Dir gelingen, dass das Schöne und Gute in Deinem Leben seinen Platz findet, indem Du immer öfter reine und schöne Gedanken hast. Sie werden Dein Sein zum Leuchten bringen, Deinem Körper Gesundheit schenken und Deine Lebensumstände positiv gestalten. Lass mehr glückliche, starke und schöne Gedanken in Deinem Leben ihren Platz finden, so baust Du Dir und Deinem Körper ein Leben in Zufriedenheit und Harmonie auf.

Dein Körper ist eng mit Deinem Unterbewusstsein verbunden; von daher ist er durch Deine Gedanken leicht zu beeinflussen.

Das Leben braucht einen Grundton, eine Melodie, die positiv in ihm schwingt, so dass es durch nichts verwackelt werden kann und die Kraft der guten Gedanken einen vor allem Schlechten behütet.

In Wahrheit bedeutet es, dass man, wenn man sich vor etwas fürchtet, es eigentlich erwartet. Von dieser Furcht gilt es sich zu befreien und mutig dem Leben entgegenzutreten und die Seele durch einen fröhlichen Lebensglauben zu stärken. Hör immer in Dich rein und versuch einen positiven Lebensgrundton zu erzeugen.

Führe ein Leben des Positiven, versuch alles Negative aus Deinem Leben zu verbannen und ihm keinen Platz einzuräumen.

Denk immer daran, dass die eigentliche Kraft eines Menschenlebens in der Kraft der Gedanken liegt. Sie wird allem eine Richtung gegeben und den Körper steuern.

Wenn Du denkst, dass Du krank bist, wirst Du es unweigerlich auch sein.

Egal was Du denkst, es wird sich Dir genau so zeigen.

Dein Körper ist sehr sensibel, wenn es um Deine Gedanken geht, er reagiert auf die kleinsten Impulse und entwickelt Krankheiten, wenn Du ihn mit schlechten Gedanken füllst.

Alle Krankheiten existieren erst auf der mentalen Ebene und manifestieren sich langsam auf der physischen.

Sie entstehen durch negative Gedanken und Ängste, die immerwährend von innen an Dir fressen.

Je länger ein negativer Zustand in Deiner Psyche anhält und dort mit unguten Gefühlen gekoppelt wird, umso größer ist die Gefahr, dass sich daraus ein Krankheitsbild entwickelt.

Mit unguten Gedanken blockierst Du die Funktionen Deines Körpers und bringst Dich selbst ins Ungleichgewicht.

61

Am Beispiel von Bluthochdruck kann man sehr gut erkennen, welchen großen Einfluss unser geistiger Zustand auf unseren körperlichen Zustand hat.

Durch zu viel Stress und Hetze entsteht schnell ein zu hoher Blutdruck, der dem gesamten Organismus schadet.

Beginnt man früh genug damit umzudenken, das Leben zu entschleunigen und sich nicht mehr stressen zu lassen, kann man zusammen mit einer gesunden Ernährung und Bewegung an der frischen Luft diese Erkrankung gut in den Griff bekommen. Wichtig hierbei ist, dass wir früh genug auf die Signale unseres eigenen Körpers achten.

Nimm Dich täglich nicht nur geistig, sondern auch körperlich wahr

Ein Gefühl für sich selbst zu entwickeln, ist von unendlich großer Wichtigkeit, denn nur so nimmt man die Signale des eigenen Körpers und seiner Seele wahr.

Nimm Dir jeden Tag ein paar Minuten Zeit, einen kleinen Plausch mit Dir selbst zu halten, und spüre in Dich hinein, wo es vielleicht Handlungsbedarf in Deinem Leben gibt, etwas zum Besseren zu verändern.

Tu alles, was Du tust, aus reinem Herzen, denn solange Du ungute Gedanken pflegst, werden diese Dein Leben und Deinen Körper im Negativen gestalten.

Bedenke auch, dass es für Deinen Körper und Deine Seele wichtig ist, des Öfteren die Stille zu genießen und zu schweigen, denn in der Ruhe der Stille liegt die Kraft, die alles neu erschafft.

Erkenne, dass der Mensch nur das, was er wirklich liebt, im Stande ist auch geistig zu erfassen, so sollte es in Deinem Leben nie an Liebe mangeln.

Wenn man fähig ist, das eigene Ich zurückzunehmen, dann kann man mit reiner Seele neue Dinge erschaffen und ins Leben rufen.

Der Gedanke ist der Ursprung der Handlung, Deines Lebens und seiner Umstände.

Eine Veränderung, die man nur durch Ernährung und Sport herbeiführen möchte, wird nicht zur Veränderung auf Dauer führen.

Jede Veränderung beginnt im Kopf!

Der erste Schritt, im Leben etwas nachhaltig zu verändern, beginnt immer im Kopf. Es ist ein Gedanke, dem man Zeit und Raum geben muss, damit aus ihm das Gefühl der Veränderung entstehen kann.

Ist dies eingetreten, kann es gepaart mit äußeren Umständen wie Sport und einer gesunden Lebensweise wahre Wunder für die Gesundheit vollbringen.

Auch wird man merken, je mehr man seine Gedanken von Negativität und Stress befreit, umso mehr verlangt der Körper nach gesunder Nahrung und Bewegung. Alles hat seinen Kreislauf und zieht immer die gleiche Energie an, die es auch ausstrahlt.

So wird Gutes immer Gutes mit sich bringen und wie von selbst sich von allem Schlechten distanzieren.

Wenn man seinen Körper wahren möchte, muss man auf seine Gedanken achten.

Wenn man seinen körperlichen Zustand verbessern möchte, sollte man anfangen seine Gedanken ins Positive zu leiten.

Denn alle negativen Gedanken setzen sich im Unterbewusstsein fest und ziehen von dort aus nur ungute Dinge in unser Leben.

Vor diesem Hintergrund sollten wir darauf achten, dass Gedanken, die Neid, Gier, Trauer, Hass, Enttäuschung, Mutlosigkeit und Bosheit beinhalten, keinen Platz in unserem Leben finden.

Denn all diese Gedanken erschaffen schlechte Vorstellungen und Gefühle in uns und diese machen uns krank und lassen uns vorzeitig altern.

Ein Gesicht, in dem die Falten in die falsche Richtung gehen, ist kein Produkt des Zufalls, es wird von den eigenen falschen Einstellungen geformt, die durch falsche und negative Gedanken entstanden sind.

Entwickle ein mildes und sonniges Gemüt und Dir wird ein verjüngtes Selbst aus dem Spiegel entgegenlachen.

Erkenne, dass es wichtig ist, in jedem anderen ein Stück von sich selbst wiederzufinden, denn so wird man nachsichtiger mit allem, was ist, und bringt Verständnis für die anderen auf und dies schafft Verbundenheit. Denn immer dann, wenn man in dem anderen einen Teil von sich selbst wiederfindet, wird das Urteil über den anderen milder ausfallen und die eigene Seele befreit sich von negativen Gedanken. Nur der Mensch, der Liebe in sich trägt, kann diese auch weiterverschenken und wird dadurch innerlich reich werden, ein Mensch aber, der lieblos durch das Leben geht, wird innerlich verarmen. Denn Liebe sieht immer das Gute, Lieblosigkeit aber das Schlechte.

Je mehr Liebe in unserem Herzen wohnt, desto mehr ziehen wir das Schöne in unser Leben. Wir übersehen die Negativität und sind im Stande, idealisierend ins Leben zu schauen, und das bringt Freude, Freiheit und Lebenskraft.

Verjünge Dich selbst durch gute Gedanken!

Freude und Positivität strahlen von innen aus den Menschen heraus und zeugen von ihrer Lebenseinstellung.

Es ist nicht unser Geburtsalter, was uns alt macht, sondern es ist immer die Vorstellung davon. Derjenige, der geistig beweglich bleibt und an das Gute glaubt, wird langsamer alt, aber dafür älter an Jahren werden.

So habe auch Du sonnige und schöne Gedanken, die Dir eine positive Lebenseinstellung schenken, die Dich strahlen lässt und auf andere Menschen anziehend wirkt.

Schau nie mit Verärgerung in Deine Vergangenheit zurück, denn Zukunft und Vergangenheit bekämpfen sich in einem jeden von uns. Wenn unser Blick mit Groll an der Vergangenheit festhält, berauben wir uns mit diesem negativen Gedankengut unserer eigenen Zukunft.

Wir müssen uns im Klaren darüber sein, dass wir uns selbst unsere Zukunft erschaffen, indem wir unablässig geistig mit der Kraft unserer Gedanken an ihr arbeiten. Denn derjenige, der sich von der Stelle, an der er steht, nicht fortwünscht, wird sie auch nie verlassen.

Die Vorstellung, die in unserem Kopf unablässig lebt, wird mit der Zeit auch unsere materiellen und sozialen Lebensbedingungen bestimmen.

Um immer lebensbejahend zu denken, brauchen wir eine Menge Mut. Mut ist der Motor unseres Seins und wird unsere Vorstellungskraft und unseren Willen immer voranbringen. Derjenige, der Mut hat, wird immer an sich glauben und über alle negativen Dinge im Leben den Sieg davontragen und sie zum Positiven wenden.

Wichtig ist es auch, im Leben genügend Schlaf zu haben, da sich die Gedanken und der Körper nur im Schlaf ausruhen und verjüngen können. Ausreichender Schlaf verhilft uns immer zu einer positiven Grundstimmung und diese ist wichtig für ein unerschütterliches Lebensfundament.

Denn nur wenn man ausgeruht ist, ist man auch im Stande, sich ausreichend mit positiven Gedankenkräften aufzuladen. In einem unausgeruhten Zustand wird man schnell von negativen Einflüssen überrollt, die im Stande sind, das ganze Sein zu verwackeln.

Ein ausgeruhter Mensch wirkt immer selbstsicherer und kann dadurch positiver wirken. Es schafft es, selbstbewusst und sicher aufzutreten, und erreicht dadurch alles, was in seinem Können verborgen liegt, mit der Wirkung seiner Ausstrahlungskraft.

Ein harmonischer Mensch entsteht aus dem Wechsel der Gefühle, die jedoch immer im Stande sind, zum Guten und Positiven zurückzukehren, und deren Kunst es ist, immer das Schöne im Leben erkennen zu können.

Eine wahre Quelle der Kraft ist Musik. Musik beschwingt uns und schenkt unserer Seele Kraft und Energie. Wir sollten, wenn wir in eine schlechte Verfassung geraten, immer versuchen, uns an schöner Musik aufzuladen, damit die Gedanken wieder in die positive Richtung schwingen können.

Auch Worte können eine positive Kraftwelle in uns auslösen, sie können uns bestärken, ermutigen und mit neuen Energien versorgen. So sind wir gestärkt für die Dinge, die uns im Leben begegnen können.

Mit dem Sein der eigenen Seele zieht man das in das Umfeld seines Lebens, was man auch ausstrahlt.

Das Leben entsteht nicht rein zufällig, es wird immer von uns selbst zu dem gemacht, was der Kraft unserer Gedanken entspricht. So suche in allem, egal was Dir auch passiert, nach dem Positiven und halte daran fest. Negatives, das Du sowieso nicht ändern kannst, lass an Dir vorüberziehen, so wie in jedem Fluss das Wasser fließt und schon bald wirst Du erkennen, dass Du Dich zufriedener und glücklicher fühlst und immer mehr Dinge in Deinem Leben Einzug halten, die es verschönern.

Lass in Deinem Kopf immer mehr Gedanken des guten Willens, der Lebensfreude und des Frohsinns einziehen. Mach Dir klar, dass das Passwort fürs Leben Humor heißt, und entwickle eine kindliche Heiterkeit.

Geh nach vorne schauend durch Dein Leben und sieh nie mit Zorn zurück.

Hoffe vorwärts, glaube vorwärts und träume vorwärts und das Leben wird Wunder für Dich bereithalten, wenn Du dies mit den positiven Gedanken von Mut, Zuversicht, Energie und der unerschütterlichen Kraft des Glaubens tust.

Sei Dir im Leben stets bewusst, dass nicht die Lebensumstände den Menschen ausmachen, sondern dass immer der Mensch die Lebensumstände erschaffen hat.

Achte stets auf Deine Gedanken und reflektiere, wo Dir im Außen die Innenwelt Deiner Gedanken wieder begegnet, es wird Dich sehr in Staunen versetzen.

Es gibt keinen besseren Arzt als frohe heitere und unbeschwerte Gedanken.

Alle Gedanken, die von schlechter Natur sind, engen uns ein, machen uns krank und klein und leider verstehen wir oft selbst nicht, dass wir unser eigener Gefängniswärter sind und uns durch unsere Gedanken selbst in Gefangenschaft genommen haben.

Reiße diese Gefängnismauern durch die Kraft Deiner positiven Gedanken ein und lass Dein Herz durch die Fröhlichkeit befreit werden.

Entwickle Geduld und Güte und dadurch wird es Dir mit jedem Tag besser und besser gehen und Du wirst eine unendliche Zufriedenheit entwickeln.

Durch die Beständigkeit von guten und glücklichen Gedanken kann man aus einem traurigen Menschen einen fröhlichen Menschen machen. Wir haben es immer selbst in der Hand, in welche Richtung wir uns entwickeln möchten.

Wir selbst haben es in der Hand zu schauen, in welche Richtung unser Blick für die Zukunft gehen soll. Ein jeder von uns ist der Designer seines eigenen Lebens, wir denken nur leider viel zu wenig darüber nach.

Die Kraft der Stille

Es ist so einfach, alles, was unserem Geist und Körper guttut, wird unser Leben und Schaffen voranbringen. Zu beachten gilt nur, dass man sich zuerst immer geistig in die Lage versetzen muss, in der man sich zukünftig auch körperlich bewegen möchte.

Sehne Dich in Deinem Leben immer positiv nach allem Schönen und es wird Dir in der Zukunft zuteilwerden. So, wie durch Deine Sehnsucht Ideen entstehen zur Verbesserung Deines Lebens, so versuche diese auch umzusetzen, denn diese Ideen wurden Dir geschenkt und helfen Dir, Deine Träume in der Zukunft Wirklichkeit werden zu lassen.

Mach nicht andere verantwortlich für Dein Leben, Du allein bist verantwortlich. Alles, was Dir in Deinem Leben begegnet, ist Ausdruck und Sinn Deiner Seele.

Betreibe von nun an die Kunst, Dir ein schönes Leben zu erdenken.

Ich kann nicht aufhören, davon zu sprechen, wie wichtig es ist, Zeit nur mit sich selbst und seiner eignen Seele zu verbringen, um sich wieder aufzuladen und die eigenen innere Stimme wahrzunehmen.

Denn der, der viel spricht, wird innerlich leerlaufen, wenn er keine Gelegenheit hat, in der Stille wieder Kraft zu sammeln und in sich hineinzuhören. Im Schweigen liegt nämlich oft eine große Kraft.

Denn nur wenn wir im Stande sind in der Stille zu schweigen, und es schaffen, schweigend in unser Innerstes hineinzuhorchen, besitzen wir auch die Möglichkeit, uns wieder mit neuer Kraft und positiven Gedanken zu betanken.

Zu unserer eigenen Seele finden wir immer dann, wenn alles andere in uns schweigt. Nur so können wir uns innerlich sammeln und sie hören, die Worte und Wünsche unserer eigenen Seele.

Unserem Schweigen folgen Taten, zu viel reden hindert uns zu oft an Taten, wir verschleudern unsere wertvolle Energie durch zu viele Worte, welche jedoch nur als Fragezeichen im Raum stehen.

Oft sind es die Unruhigen unter uns, die sich aus den lärmenden Diskussionen der Seele im Inneren versuchen herauszureden. Doch so verliert man den Kontakt zur Seele und verarmt am Leben.

Man sollte sich im Klaren darüber sein, dass die eigene Seele viel von den Menschen übernimmt, mit denen man tagtäglich seinen Umgang pflegt.

Wer im Leben keine Zeit hat, alleine zu sein, der verkümmert innerlich und rutscht in das Alltagsgrau der Außenwelt ab, ohne die Möglichkeit zu haben, die Kraftquelle der eigenen Gedanken nutzen zu können.

Wähle Dein Umfeld und die Menschen, mit denen Du Dich täglich umgibst, mit großem Bedacht aus, denn von jedem Menschen gehen Gedankenströme und Energien aus, doch leider schwingen nicht alle positiv, so gibt es viele Energievampire mitten unter uns, die uns unsere fröhliche und gute Energie rauben. Oft wissen wir selbst nicht, warum es uns plötzlich schlecht geht, und dabei ist es nur eine Art Fernwirkung eines Energiefressers, die uns erreicht wie ein Virus einen Körper erreicht und ihn schwächt und kränkeln lässt. Vor diesem Hintergrund sei wachsam und halte Dich von Menschen fern, die Deiner Seele nicht guttun und Deinen Körper und Geist mit schlechten Energien befüllen oder Dir Deine Energien rauben.

Versuch immer, Dich gegen solche Gefahren mit dem Glauben an das Schöne und Gute zu wappnen. Wer den Mut hat und auf der Suche nach dem Schönen in allen Dingen ist, wird es auch finden und füllt alle seine Handlungen mit Freude aus.

Merk Dir, die Stimmung in unserem Inneren ist wie ein Wunsch, der sich erfüllen wird.

Nutze die Kraft der Vorstellung

Deshalb achte darauf, dass die Stimmung, die von Deinem Herzen ausgeht, immer im Einklang mit der positiven Kraft Deiner Seele steht und Dir wird Großes gelingen.

Wenn alle Menschen wüssten, dass sich unsere eigenen schlechten, selbsterdachten Gedanken wie ein feindliches Heer gegen uns richten, wären wohl alle Menschen viel mehr darauf bedacht, nur Gutes zu denken, und der Frieden könnte in unsere Welt einziehen. Denn kein Mensch will sich selbst Leid zufügen, doch leider tun wir dies mit selbsterdachten schlechten Gedanken, da die meisten von uns nicht wissen, dass diese Gedanken wieder zu uns zurückkehren werden, um dort ihre Negativität auszuleben. Je mehr Fröhlichkeit in unseren Gedanken wohnt, desto schöner wird unser Leben werden.

Es ist Deine Vorstellungskraft, die die Realität erschafft!

Nur dann, wenn Dein Wille und Deine Vorstellungskraft genau die gleiche Zielrichtung haben, können die beiden sich gegenseitig unterstützen und ergänzen. Reflektiere Dich immer selbst und erkenne Deine Ziele.

Nur mit unserem bloßen Willen werden wir nichts erreichen, mit unserer Vorstellungskraft hingegen werden wir alles erreichen.

Hast Du Dich von Grund auf gefestigt und es leben nur gute und reine Gedanken in Dir, kannst Du Dich mehr und mehr darauf konzentrieren, Deine Gedanken mit Deinen Gefühlen zu paaren und Dir Deine Ziele vor Augen zu führen.

Denn Deine Träume und Wünsche können nur Einzug in Dein Leben halten, wenn sie auch fest in Deinen Gedanken verankert sind.

Die Angst vor der Wirklichkeit lässt den Träumer schweigen, lass Du es nie zu, dass Dein innerer Träumer sich ängstigt, und erschaff Dir mit den endlosen Möglichkeiten Deiner Phantasie Deine eigene Zukunft.

Je klarer und genauer Du ein Ziel vor Augen hast, umso eher wird es sich erfüllen.

Aus Träumen Ziele machen

Wenn man erst einmal seine eigene Wahrheit im Leben gefunden hat, kann man auch strahlend durchs Leben gehen. So ist es wichtig, seine eigene Intuition zu finden und sich selbst treu zu sein. Denn für den Verstand allein ist es wegen der anerzogenen Vernunft sehr schwer, den richtigen Weg zu finden, so braucht er doch immer die Hilfe der Intuition, damit der richtige Weg gefunden werden kann. Es bringt nichts, bei anderen Menschen herumzufragen, welcher Weg denn nun der richtige sei, man muss in sich selbst hineinhören und sich um Rat fragen, denn nur dann können wir uns sicher sein.

Die Welt gehört den Träumern der TAT!

Durch ein Meer von vielen unkonzentrierten Möglichkeitsgedanken verwackelst Du Dich selbst und die Zaubermagie Deiner Gedankenkraft. Wer zu viele Ideen und Wege im Kopf hat, wird sie am Ende nicht realisieren können.
Deine Ziele brauchen klare gedankliche Vorgaben und Handlungen, denen sie folgen können, dann werden sie zur Wirklichkeit.
Umgib Dich mit freundlichen und glücklichen Menschen, so wird ihre Energie auch auf Dich übergreifen und in Deinem Leben ihren Platz einnehmen.

Wenn Du Dich aber unentschlossen durch Dein Leben treiben lässt und keine klaren Vorstellungen von Deiner Zukunft hast, wirst Du in dem von Dir selbst erschaffenen Ozean Schiffbruch erleiden.
Sollte man keine klaren Lebensziele haben, wird man schnell von Problemen, Ängsten und Sorgen heimgesucht und das Selbstmitleid beginnt.

Erinnere Dich hier an meine Worte, wie wichtig es ist, täglich mit sich selbst im Dialog zu stehen und sich nach dem Wohlbefinden und den Zielvorstellungen der eigenen Seele zu erkundigen.

Suche tief im Süden Deines Herzens nach dessen innigstem Wunsch und mach Dich auf den Weg, ihn Wirklichkeit werden zu lassen.

Am ehesten kommst Du nicht vom Weg ab, wenn Du das von Dir ausersonnene Ziel zum Mittelpunkt Deiner Gedanken und Deines Lebens werden lässt.

Richtig wünschen will gelernt sein

Behalte Dein Ziel täglich immer wieder mit einem positiven Gefühl, als wäre es bereits Wirklichkeit geworden, vor Augen und lass es von Emotionen der Fröhlichkeit durchfluten. Denn so verbindest Du Deine Träume mit Deiner Realität und das, was Du ausstrahlst, wird in Dein Leben gezogen.

Es ist ganz egal, worin Du Deinen Traum siehst, wichtig ist nur, dass Du mit der vollen positiven Kraft Deiner Gedanken Deinen Herzenswunsch unterstützt und nicht ins Wanken gerätst. Alle Gedanken des Versagens und Nichtgelingens sind von vornherein im Keim zu ersticken, so dass sie erst gar nicht aufkommen.

Nur so können sich die Kräfte Deiner Gedanken beständig auf ein Ziel konzentrieren.

Solltest Du am Anfang hier noch Schwierigkeiten haben, die sich in Zweifeln oder Versagensängsten zeigen, dann arbeite beständig an Dir selbst und gib diesen nicht nach.

Durch Beständigkeit wird die Kraft Deiner Gedanken wachsen und Dein Charakter gefestigt werden, so dass auf Dauer große Erfolge verzeichnet werden können.

Aller Anfang ist schwer, doch in ihm liegt der größte Zauber

Je mehr man die Magie des Lebens versteht, die in der Kraft der Gedanken versteckt ist, umso selbstsicherer wird man und umso leichter gestaltet sich das zukünftige Leben.

Alles beginnt immer spielerischer ineinanderzufließen, je mehr man sich auf das Schöne im Leben konzentriert und versucht, seine Lebensziele mit der Magie des Lebens zu erreichen.

Allen Menschen unter uns, die an Ängsten egal welcher Art leiden, soll an dieser Stelle ausdrücklich gesagt sein, dass Ängste sich am besten durch Beschäftigung egal welcher Art in den Griff bekommen lassen. Anfänglich ist es sogar von Vorteil, dass, je stupider diese Tätigkeiten sind, sie die Angst vertreiben können, bis man auch rein kognitiv wieder dazu in der Lage ist, der Angst gegenzusteuern.

Die Angst ist ein nimmersattes Gespenst, und solange wir sie füttern, wird sie wachsen und wachsen, dies geht so weit, dass die Angst uns sogar vollkommen in Besitz nehmen kann.

Dem können wir nur durch Handlungen und positives Denken entgegenwirken.

Unsere Seele möchte beschäftigt sein, der Mensch, der keine Aufgabe oder Arbeit hat, wird früher oder später an Leiden der Psyche erkranken.

Deshalb schütze Dich selbst und sorge dafür, dass Deine Seele immer eine Aufgabe hat, die sie mit Freude erfüllt!

Die Seele will beschäftigt sein!

Wenn wir um unsere schwächsten Stellen wissen, sie erkennen und aufhören, ihre Existenz zu leugnen, können wir mit Beständigkeit daran arbeiten, aus unseren Schwächen Stärken zu machen.

Wir müssen nur anfangen und mit Beständigkeit dabeibleiben, dann werden wir die Ergebnisse schon bald erkennen können.

So vergehen Angst und Schwäche und wir kommen unseren Zielen immer ein Stück näher.

Genauso wie wir einen schwachen Körper durch sportliche Aktivitäten trainieren und stärken können, können wir eine schwache und verängstigte Seele durch gute und positive Gedanken gepaart mit Handlungen, die die Seele erfreuen, trainieren und stärken.

Fang an, in allen Schwierigkeiten ihren eigentlichen Nutzen zu erkennen!

Stell Dich gedanklich so auf, dass Du von nichts mehr erschüttert werden kannst, und beginne in allem, was Dir begegnet, den darin verborgenen Lerneffekt zu erkennen.

Nichts begegnet Dir umsonst hier auf dieser schönen Welt, alles hat eine tiefe Bedeutung und will nur von Dir erkannt und wahrgenommen werden. In allem sind Aufgaben versteckt, die Du mit Hilfe einer positiven Lebenseinstellung lösen kannst.

Nutze alles, was Dir in Deinem Leben begegnet so, dass es Dir weiterhilft, jedoch ohne es auszunutzen. Bleib in Deinen Gedanken beständig, komm nicht ins Zweifeln und entwickle den Mut, Dinge zu versuchen, die sich andere vielleicht nicht trauen würden, dann wirst Du Deine Ziele auf eine wundervolle Art und Weise erreichen.

Einmal einen Traum als Ziel auserkoren, sollte dieser auf direktem Wege mittels einer positiven gedanklichen Lebenseinstellung verfolgt werden.

Alle aufkeimenden Ängste, Probleme und Sorgen sollte man, so gut es einem gelingt, im Keim ersticken, da sie ansonsten den von uns im Werden begriffenen Traum durch ihre schlechten Schwingungen wieder zunichte machen.

Alle Gedanken, die sich mit Zweifeln und Fehlschlägen beschäftigen, müssen von uns unbedingt aufgegeben werden, da aus solchen negativen Gedanken noch nie etwas Positives entstanden ist.

Ganz im Gegenteil, sie schwächen nachweislich das von uns aufgebaute positive Wunschbild und hindern es daran, Wirklichkeit werden zu können.

Ein jeder Gedanke hat unendliche Kraft und Energie

Jetzt, wo Du weißt, was denken eigentlich bedeutet, hast Du den Schlüssel zur Schatztruhe des Lebens in den Händen.

Wer anfängt, über seine Gedanken in die Handlung zu kommen, ist weise und kann bewusst seine geistigen Kräfte nutzen.

Wenn man sich einmal bewusst darüber geworden ist, welche wundervollen Kräfte unseren Gedanken entspringen, wird man im Leben nie mehr verzweifelt sein, da man nämlich erkannt hat, dass man der eigentliche Meister seines SEINS ist.

Dadurch kommt alles in Fluss und man wird mit spielerischer Leichtigkeit die selbstgesetzten Lebensziele erreichen.

Alles, was man im Leben erreicht, und alles, was einem verwehrt bleibt, entsteht durch die eigenen Gedanken und den damit verbundenen Glauben.

Aus diesem Grunde sollten wir anfangen, die volle Verantwortung für unser Leben zu übernehmen.

Der erste Schritt hierzu ist die Akzeptanz von allem, was ist, denn erst dann, wenn man seine momentanen Lebensumstände akzeptiert hat, kann man von dieser Position aus beginnen, sich Veränderungen zu erdenken und diese Wirklichkeit werden zu lassen.

Das Leben wird immer so schön werden, wie man es sich vorstellen kann.

Unsere Vorstellungskraft steht immer über unserer Willenskraft. Auch wenn unser Wille noch so groß ist, wir uns aber das Gewünschte nicht vorstellen können, dann können wir es auch nicht in unser Leben ziehen. Denn in unserem Außen existiert letztendlich nichts anderes als in unserem Innersten. Unser Inneres spiegelt sich im Außen und umgekehrt. Die Magie des Lebens liegt in unseren Gedanken und in unserer Vorstellungskraft.

Um die Herrschaft über das eigene Leben zu erlangen, genügt allein die unerschütterliche Vorstellung, dass es so weit kommen wird.

Das Passwort liegt in der Erkenntnis, dass die Vorstellungskraft dem Willen gegenüber immer überlegen sein wird, somit ist die Vorstellungskraft weitaus stärker als die pure Willenskraft.

Je stärker unser Wollen ist, desto stärker wird sich die Kraft der eigenen Vorstellung, sprich unserer Überzeugung, dagegenstellen. Deshalb müssen wir an unserer Vorstellungskraft arbeiten, denn sie wird uns den Erfolg bringen, den wir haben möchten.

Mit unseren Gedanken projizieren wir unsere eigene Wirklichkeit auf die Leinwand unseres Lebens.

Alles, was geschieht, geschieht nach unserer Vorstellungskraft und hat den Ursprung in uns SELBST!

Alles Glück und alles Leid entspringt unseren eigenen Gedanken, aus diesem Grunde ist mein Wunsch, dass Du ab jetzt in allem das Schöne erkennen kannst.

Denn so wie Du denkst, so wird es sein und wirklich werden.

Auch wirst Du selbst so sein, wie Du über Dich denkst zu sein, und nur Deine Gedanken können Dein Leben ändern. So wie Du ab jetzt weiterhin über Dich selbst denkst, wirst Du sein und bleiben, solange Du so über Dich denken kannst. Die Macht, etwas zu verändern, liegt allein in Dir. Ein jeder Mensch trägt die Verantwortung für sich selbst und ein jeder Mensch hat die Macht, etwas zu verändern, in seinen Gedanken und in seinem Glauben.

Niemand außer Dir selbst kann die Lebensumstände verändern, alles fängt beim ersten Gedanken an. Man muss selbst die Vorstellungskraft und die Willenskraft entwickeln, um das Leben in die von einem selbst gewünschten Bahnen zu lenken.

Kein anderer Mensch auf dieser Welt übernimmt das für einen und kein anderer Mensch auf dieser Welt trägt die Verantwortung für einen.

Wenn Du dieses Prinzip erkannt hast, weißt Du, dass Du immer in der Eigenverantwortung bist, doch gleichzeitig weißt Du auch, dass Du frei bist.

Die Eigenverantwortung macht Dich frei.

Wichtig ist es, in der Ausgeglichenheit sich selbst treu zu sein und sich nicht von niederen Instinkten leiten zu lassen, denn nur wenn man sich in der Ausgeglichenheit befindet, hat man die volle Kraft seiner Gedanken und kann mit den vorhandenen Ressourcen ein Leben aus vollem Herzen leben. Wer ein Leben aus vollem Herzen lebt, ist frei und bei sich selbst angekommen, er kennt sich und kann sich einschätzen und seine Willenskraft gepaart mit seiner Vorstellungskraft so nutzen, dass seine Wünsche in Erfüllung gehen.

Niedere Instinkte, Triebe und Gier halten jedoch einen Menschen ab, die Gedanken so zu denken, wie er sie gerne denken möchte.

Er wird eingeschränkt durch die sich ihm aufdrängenden Bilder der negativen Gefühle, die sich in sein Leben schieben.

Wirf also alle diese schlechten Gedanken, Triebe und Gefühle über Bord, damit Du die wirkliche Freiheit und Macht des positiven Denkens genießen kannst.

Denn mit Negativität wird man niemals einen Fortschritt feiern.

Dein Selbstvertrauen wird so jeden Tag ein Stück stärker und es gelingen Dir immer größere Vorhaben, da die Macht Deiner Gedanken und die Deines Glaubens wächst. Und je mehr diese positiven Eigenschaften in Dir wachsen, umso größer werden Deine zukünftigen Erfolge werden. Je mehr man das Schöne im Leben und in der Natur sieht, umso zufriedener wird das eigene Herz sein.

Träume sind unser Motor

Das Glück zieht bei den Glücklichen ein, denn das, was man ausstrahlt, zieht man auch an.

Alle Errungenschaften, die einem im Leben zuteilwerden, rühren von zielgerichteten Gedanken.

Wann immer Deine Gedanken zielgerichtet und mit positiven Emotionen verknüpft sind, wirst Du es schaffen, sie auch Wirklichkeit werden zu lassen. Denn alles auf der Welt gehorcht dem Gesetz des Magnetismus und so zieht man das in sein Leben, was bereits im Inneren wohnt.

Unsere Träume sind die Retter der Erde.

Wir Menschen leben in und von unseren Träumen. Träume sind unser Lebenselixier und unser Antrieb.

Gäbe es die Träume nicht, dann wäre die Welt ein hoffnungsloser Ort.

Träume bringen uns voran und machen uns glücklich und mit der Macht unserer Gedanken können wir unsere Träume auch Wirklichkeit werden lassen.

Jeder von uns, der einen guten Traum im Herzen trägt, trägt dazu bei, dass die Welt ein immer besserer Ort wird.

Bedenke, dass geben der Seele viel besser bekommt als zu nehmen. So vergiss des Öfteren Dich selbst und versenke Dich mit Deinen Gefühlen und Gedanken ganz in einen anderen Menschen. Sende so Liebe in diese Welt und genau diese Liebe ist es, die wieder 1000-fach zu Dir zurückkommen wird.

Die Liebe ist das Glück der Seele

Jeder von uns, der die Liebe in sich trägt, erscheint in einem wundervollen Glanz und wirkt anziehend auf andere Menschen, denn die Liebe entspricht dem aufbauenden Prinzip unserer Erde.

Aller Hass macht nur hässlich, alt und krank, doch die Liebe lässt uns erstrahlen und jeder, der von innen heraus reich an Liebe ist, schafft es, alles im Leben zu verschönern.

Somit ist die Liebe in unserem Leben, unsere Ruhe, unser Glück und unser Seelenfrieden das, wonach es sich zu suchen lohnt. Ein liebender Mensch wird im hohen Alter noch vor Güte strahlen, doch ein hasserfüllter Mensch wird selbst hässlich und sein Leben in eine Wüste verwandeln. Im Hass und im Neid lebt nur Negatives und wird nur Negatives geboren, aus der Liebe jedoch strahlt die Sonne unseres Lebens.

Betrachte Dein Leben immer so, dass Du im Einzelnen alles Werdende und somit auch das Ganze erkennen kannst, dann wirst Du in allem das Schöne finden und das Glück wird bei Dir wohnen.

Schenk dem Bösen im Leben keinen Platz, versuch darüber hinwegzuschauen, durch den Regen hindurch direkt zur Sonne, so wird sie für Dich scheinen und Du wirst als Erster den Regenbogen sehen.

Such in Deinem Inneren nach dem Glück, es sind Deine positiven Gedanken, die Dich glücklich machen, das Glück lebt und strahlt aus Dir heraus. Es ist niemals im Außen zu finden, sondern im inneren Deiner Seele gepflanzt durch die Gedanken Deines Seins.

Natürlich hat jeder auch sein Leid im Leben zu tragen, doch je mehr man über dieses Leid klagt, umso schwerer scheint es zu werden. Denk darüber nach, woher Dein Leid kommen könnte, denn auch Leid kann aus negativen Gedanken entstehen.

Versuch Deine Einstellung den Dingen gegenüber zu ändern und du wirst feststellen, dass die Dinge anfangen, sich auch für Dich zu verändern. So sei im Leben auf Leid vorbereitet, doch lass Dich niemals zu sehr von ihm treffen. Mach Dir stets bewusst, dass gerade Unglück einen stärker machen und sogar neue Türen öffnen kann, es kommt immer darauf an, was man aus dem Leben macht.

Sei Dir klar darüber, dass alles Handeln der Seele und dem Körper immer guttut, denn Handeln ist Handlung und Handlung ist immer heilsam. Da Handlung Körper, Geist und Seele auf andere Gedanken bringt und das Sein der Lethargie entreißt.

Leid kann neue Türen öffnen

Das Schicksal, das es eigentlich nicht gibt, da es unseren Gedanken entspringt, ist in letzter Instanz immer gerecht, da aus ihm alle Wahrheit entsteht. Und so glaube an den Spruch:

Am Ende ist alles gut, und wenn es noch nicht gut ist, dann ist es noch nicht zu Ende.

Leid ist eine Kraft, die unserer Seele bei ihrer Entwicklung hilft und die Erkenntnis des eigenen Ich mit sich bringt.

Man kann immer nur so leiden, wie man es selbst zulässt, und dadurch trägt man die Verantwortung für sein eigenes Leid. Man muss darüber nachdenken, damit man es für sich selbst verbessern kann. Mach nie einen anderen Menschen verantwortlich für Dein Leid, sondern ändere Dein Gedankengut, damit sich Dein Leid verändern kann.

Immer dann, wenn wir wieder ein höheres Ziel in unserem Leben gefunden haben, wird es uns gelingen, dem Leid zu entfliehen, deshalb halte, wenn Du traurig bist, immer Ausschau nach einem höheren neuen Ziel, welches Dein Leben mit der Magie eines neuen Zaubers in Besitz nehmen wird.

So entsteht aus Leid aber auch Seelentiefe und Seelenreife, denn durch Leid kommt man, wenn man es positiv nutzt, im Leben immer weiter, so kann Leid zu einem Motor für das Leben werden, wenn sich unsere Gedanken schöpferisch daranmachen, es durch ein neues höheres Ziel zu vertreiben und dadurch wird letztendlich Seelenreichtum entstehen.

So ist geteiltes Leid auch halbes Leid, denn immer dann, wenn man einem anderen Menschen hilft, sein Leid zu verringern, dann vergisst man auch sein eigenes Leid.

Denn so, wie wir die Welt mit unseren Augen sehen, wird sie uns auch erscheinen.

Glaube an Deine Träume, dann werden sie REALITÄT

Träume von einer besseren Welt und halte an Deinem Traum fest, damit aus dieser Vision Realität werden kann. Lass Deinen Traum in Deinem Herzen wohnen und nähre ihn mit positiven Gedanken.
Denn daraus werden schließlich Deine Lebensumstände erwachen und Du erschaffst Dir Deine eigene Welt, so wie sie Dir gefällt.
Deshalb träume auch die kleinsten Träume und hilf ihnen, mit der Kraft Deiner Gedanken zur Wirklichkeit zu werden.

Denke daran, so vieles, was Du auf dieser Erde erblickst, war einst der Traum eines Menschen und existierte nur in seinem Kopf.

Arbeite stetig an Deinen Träumen und versuch sie mit Handlungen und Taten im Hier und Jetzt zu unterstützen, damit sie in Dein Leben Einzug halten können.

Träume wollen nicht nur geträumt werden, sondern auch gelebt.

Alles, was Du Dir wirklich vorstellen kannst, kannst Du auch erreichen.

Glaube an Dich und werde nie müde, es zu tun.

Unterstütze Deine Seele bei ihrer Kreativität und sag niemals:
Das ist unmöglich!
Denn das wären nur Grenzen, die Du Dir selbst setzt.
Sei offen und für alles bereit, dann wird Dir Großes gelingen.

Unsere Träume sind die Samen, aus denen unsere Wirklichkeit erwacht!

Sind Deine Lebensumstände noch nicht so, wie Du sie Dir wünschst?
Dann weißt Du jetzt, wie Du daran arbeiten kannst, dass sie zu dem werden.

1. Akzeptiere alles so, wie es ist.
2. Such in Deiner jetzigen Situation nach dem Schönen und verstärke es mit guten Gedanken.
3. Lass keine Gedanken der Negativität mehr aufkommen.
4. Neid, Ärger, Trauer, Habsucht, Bosheit, Lästerei, Gier und niedere Instinkte verbanne von heute an aus Deinem Leben.
5. Erfülle Dich mit dem wundervollen Gefühl der Zufriedenheit und der Dankbarkeit.
6. Erschaffe ein genaues Vorstellungsbild Deines Traumes/Ziels und halte daran fest.
7. Schließ alle Zweifel vollumfänglich aus.
8. Versetz Dich in einen Zustand, in dem Du davon ausgehst, dass Du schon am Ziel Deiner Träume angekommen bist und Du bereits alles erhalten hast, worum Du gebeten hast.
9. Erfülle Dich und Dein ganzes Sein mit dem positiven Glücksgefühl des bereits erfüllten Wunsches.
10. Speichere dieses Gefühl in Dir ab und lass es ganz intensiv wachsen, so dass es Dein ganzes Sein erfüllt.
11. Lass dieses Gefühl zusammen mit dem Bild des bereits erfüllten Wunsches mehrfach am Tag Deinen ganzen Körper ausfüllen. Besonders kurz vor dem Einschlafen und kurz vor dem vollkommenen Erwachen.
12. Fülle Dich mit dem Glück aus, bereits alles genau so erhalten zu haben, wie Du es Dir erträumt hast.

13. Wiederhole diese Gedanken und Gefühle, sooft sie Deiner Seele in den Sinn kommen, und schon bald ist Dein Traum zum erfüllten Ziel in der Wirklichkeit geworden.

Wenn Du so bittest, dann wirst Du empfangen, denn so steht es in den Gesetzen unserer Natur niedergeschrieben. Wie Du glaubst, so wird es werden.

Dein Glaube ist das Versprechen dessen, was Du eines Tages erreichen wirst.

Egal, in welchen Lebensumständen und in welcher Umgebung Du Dich auch befunden hast, jetzt, wo Du weißt, wie groß die Kraft Deiner Gedanken ist, kannst Du Deine Zukunft gestalten und alles wird steigen oder fallen mit der Kraft Deiner Gedanken.

Egal, was auch passiert, Du hast jetzt dieses Wissen, nutze es, um eine bessere Welt entstehen zu lassen und Dir Deine Träume zu erfüllen.

Du hast diese Gebrauchsanweisung zum „Glücklichsein" gelesen, jetzt musst Du sie nur noch nutzen.

Es gibt weder Schicksal noch Zufall, es gibt nur die Macht Deiner Gedanken! Verwirkliche von nun an Deine Visionen und lass Deine Bemühungen Früchte tragen!

Nun, wo Dir dieses Wissen zuteilgeworden ist, kann die Ruhe in Dein Leben einziehen.

Du weißt, dass alles nach Deinem Besten geschieht, wenn Du auch an Dein Bestes glaubst.

Das alles erfüllt Dich mit einer großen inneren Ruhe und Gelassenheit, Dein ganzes Leben wird entschleunigt und Du merkst, wie Du wieder tiefer und beruhigter durchatmen kannst.

Je mehr Du beginnst zu verstehen, dass Dein vollkommenes Leben sich letztendlich nur aus der Welt Deiner Gedanken entwickelt, umso mehr wirst Du die innere Ruhe und Ausgeglichenheit finden, die man für ein zufriedenes und glückliches Leben braucht.

Alles fügt sich auf magische Art und Weise so zu Deinem Besten, da Du erkannt hast, dass Du selbst der Designer Deines Lebens bist.

Auf dieser schönen Erde besteht alles aus Ursache und Wirkung. Ein jeder Deiner millionen- und milliardenfachen Gedanken entspricht einer Ursache, die eine Wirkung nach sich ziehen wird. Kann man, wenn man diese Erkenntnis einmal gewonnen hat, überhaupt noch negative Gedanken hegen? Man weiß doch, man schadet sich im Grunde nur selbst. Je gelassener man so durch die Erkenntnis der Macht der Gedanken wird, umso größer werden die Erfolge sein, die Einzug in das eigene Leben halten werden. Ruhe, Güte und positive Gedanken veredeln unsere Seele und lassen sie aufblühen. Bleib in Deiner eigenen Gelassenheit und verlass diese nie wieder. So wirst Du auch Dein inneres Gleichgewicht finden und von dort aus kannst Du durch die positive Kraft der Gedanken und Gefühle alles erreichen, was Deinem Herzen wichtig ist.

Glaub immer an Dich selbst und Deine eigenen Erfolge, denn der Glaube an Misserfolg wird alle Pläne scheitern lassen, hingegen wird der Glaube an Erfolg jedoch auch Erfolg anziehen.

Eine Grundvoraussetzung für Erfolg in jeglicher Hinsicht ist der Glaube an das eigene Selbst. Jeder, der an sich selbst glaubt und der Ansicht ist, diesen auch verdient zu haben, wird Erfolg anziehen.

Finde heraus, was Deine größten Wünsche sind, und stell sie Dir als erfüllt vor, so wirst Du Deine eigenen persönlichen Ziele erreichen.

Beginne alles in Deinem Leben positiv und zielorientiert zu formulieren und Du wirst sehen, wie Dich diese Gedanken jeden Tag ein Stück weiterbringen werden.

Erwarte keine Förderung Deines Wollens von den anderen Menschen, sondern treibe Deinen eigenen Motor der Vorstellungskraft an, dann werden aus dem Zauber Deiner Gedanken Wunder werden.

Mögen die positiven Gedanken mit Dir sein!

Lege nun dieses Büchlein an einen sicheren Ort und trage Dir in drei Monaten einen Termin in Deinen Kalender ein, um zu reflektieren, was sich in Deinem Leben verändert hat.

Alles Liebe für Dich

Tina

Wundertütenpoet

~~Besuche mich auf~~
Besuche mich auf

www.wundertuetenpoet.de